•FONTANA•

FEDERICO GARCÍA LORCA

LA CASA DE BERNARDA ALBA
LA ZAPATERA PRODIGIOSA

PRÓLOGO Y PRESENTACIÓN:

FRANCESC LLUIS CARDONA,

Doctor en Historia y Catedrático

LA CASA DE BERNARDA ALBA,
LA ZAPATERA PRODIGIOSA,
Federico García Lorca

Prólogo / Presentación: Francesc Lluis Cardona
Diseño gráfico / Ilustración portada: Daniel Jurado

Edita: Olmak Trade S.L.
C/ Roca Plana 1
08110 - Montcada i Reixac
Barcelona (España)

www.olmaktrade.com
info@olmaktrade.com

@O_BookTrade
#ClásicosFontana

Impreso en España / Printed in Spain

I.S.B.N: 978-84-10109-93-3
Depósito Legal: B 10107-2024

Estudio preliminar

EL AUTOR Y SU MUNDO

Nació el 5 de junio de 1898 (aunque algunos trasladan la fecha a 1900) en Fuente Vaqueros (Granada), pequeño pueblo emplazado en la parte central de su espléndida Vega. Su padre era un rico hacendado y su madre una maestra que casó en segundas nupcias al enviudar aquél sin hijos.

1898 es un año fatídico para España en el que se iniciará la pérdida final de su gran imperio al otro lado del Atlántico. Granada se llenará también de tristeza con el suicidio de uno de sus hijos, el escritor Angel Ganivet, muy lejos de su patria.

Tanto la familia paterna como la materna y sus ancestros gustaban de la lectura y la música, así como del teatro, aficiones que heredaría Federico, también cultivaría el dibujo.

Su padre con su familia se trasladaría a vivir entre 1906 o 1907 a una de sus fincas de Pinos Puente que tenía el malsonante nombre de la Asquerosa (que al parecer derivaba de *acuerosa*, con mucha agua, y que en 1943 lo cambiaría por Valderrubio) y a comienzos de 1909 se afincarían en la capital de Granada, acompañados de las excelentes perspectivas del milagro azucarero y allí estudió el bachillerato e inició los estudios universitarios de Derecho y Filosofía y Letras y los continuó en Madrid desde 1919, aunque los segundos, no los terminaría.

Rafael Alberti, un andaluz universal como lo sería Federico, nos ha dejado un retrato de éste a su paso por la famosa Residencia de Estudiantes, hija espiritual de la Institución Libre de Enseñanza, fundada por Giner de los Ríos:

> "Era García Lorca entonces un muchacho delgado, de frente ancha y larga, sobre la que temblaba a veces, índice de su exaltada pasión y lirismo, un intenso mechón de pelo negro, "empavonado" como el de Antonio Camborio de su *Romancero*. Tenía la piel morena, rebajada por un "verde aceituna"...

Por aquel entonces había salido a la luz en Granada su primer libro *Impresiones y paisajes* mientras vegetaba en la Universidad, en donde muestra en una prosa poética y de ambición retórica, su fuerte personalidad e intensa sensibilidad, todavía romántico y modernista, captando magistralmente las sensaciones granadinas, evocando en este libro primero, muchos de los motivos que después madurarían en sus libros posteriores.

En la primavera y verano de 1919, Lorca trabó amistad con Gregorio Martínez Sierra y en otoño lo hizo con el gaditano Manuel de Falla que sería fundamental para su producción. Tras el fracaso del estreno de *El maleficio de la mariposa* en Madrid, se dedicó a sacar una carrera como pudo en la Universidad madrileña. En 1920 comenzó su amistad con el cineasta Luis Buñuel.

En 1921 y 1922 aparecieron sus primeras obras líricas: *Libro de poemas* y *Primeras Canciones*, también iniciaba la composición de una obra de títeres intentando resucitar la tradición prácticamente extinguida del *teatro de cachiporra* andaluz mientras al compás de las inacabadas y no publicadas *suites* (no aparecidas hasta 1983) buceaba en una de sus debilidades: el *Cante Jondo*, cuyo primer poemario saldría a la luz en 1921, aunque su forma definitiva es de 1931.

En 1923 conoce a Salvador Dalí y junto con Buñuel se convierten en el grupo más original e inseparable de la Residencia.

Estando con su familia en Málaga, el general Miguel Primo de Rivera proclamó la primera Dictadura que iba a durar siete. Paralelamente Lorca trabajaba para Falla en un *libreto* titulado *Lola la Comedianta* y empieza a documentarse para una obra cuyo protagonista le fascina: *Mariana Pineda*, que terminará en 1925.

Sin embargo, quizás el libro de mayor resonancia de esta época de Lorca es el *Romancero gitano*, compuesto entre 1925 y 1927 y publicado al año siguiente. El romance español no había tenido una popularidad mayor desde Góngora.

Al tiempo que escribía *La zapatera prodigiosa*, en 1925 estuvo en Cadaqués y Barcelona con Salvador Dalí, el otoño anterior había conocido en la Residencia al gaditano del Puerto de Santa María, joven y apuesto poeta, Rafael Alberti. Fue entonces cuando firmó una protesta de los escritores madrileños contra los intentos gubernamentales de limitar el uso de la lengua catalana.

Su cinefilia la expresará en especial en *El paseo de Buster Keaton* que a pesar de ser una composición breve influirá en su estética posterior al igual que creció su fobia por la guardia civil por los métodos expeditivos contra los gitanos.

A partir de 1926 y su culminación con el Tricentenario de su muerte, Lorca profundiza en su admiración por el poeta cordobés Luis de Góngora hasta el punto de verse incluido en el denominado *Grupo del 27* con Pedro Salinas, Jorge Guillén, Gerardo Diego, Rafael Alberti, Dámaso Alonso, Vicente Aleixandre, Luis Cernuda, Emilio Prados, Manuel Altolaguirre... El surrealismo artístico con la publicación del *Manifiesto de André Breton* (1924) había calado hondo y su técnica (aunque no pura) la utilizaría Lorca en su huída a Nueva York (1929-1930) harto ya de la Dictadura, cuando frisaba los trinta y un años. Sus impresiones las plasmará en su inigualable libro *Poeta en Nueva York*. Su incursión a Cuba también será fecunda y enigmática: *El público*; *Oda a Walt Whitman*.

En el verano de 1930, Lorca ha regresado a España y a su querida Granada. Termina en ella *El público* y cree que con la proclamación de la Segunda República amanece una nueva y verdadera primavera para España. Apoya con entusiasmo las extraordinarias reformas educativas y es uno de los principales promotores de llevar a los pueblos a través de un teatro ambulante universitario, La Barraca, las obras de los escritores clásicos. Vuelve a Galicia que había descubierto en 1916 y nunca había olvidado su verde paisaje, sus brumas, sus supersticiones y su música triste que incorpora a su repertorio.

Hasta su trágica muerte en 1936, será el periodo más fecundo de su obra teatral.

Además de la farsa violenta en dos actos *La zapatera prodigiosa* (1930) se halla dentro de su estilo el *Retablillo de don Cristóbal* (1931) y a su teatro de Vanguardia *El público* (1930). Hay que añadir *Así que pasen cinco años* (1931). Sin embargo, su tensión dramática culmina en su *teatro de mujeres* como protagonistas: *Bodas de sangre* (1933), *Yerma* (1934), o su obra cumbre, *La casa de Bernarda Alba* (1936), estremecedor conflicto entre pasión y convenciones sociales.

Su intimidad, sin embargo, se encerrará en su lírica: *Llanto por Ignacio Sánchez Mejías* (1935); *El Diván de Tamarit* (1936) y *Sonetos del amor oscuro* (1935-1936).

Entre 1933 y 1934 visitaría Argentina y Uruguay, siendo recibido con extraordinario fervor. Platicó con frecuencia con Pablo neruda que había desempeñado diversos cargos diplomáticos a lo largo y ancho del planeta y había sido destinado finalmente a Buenos Aires. Al parecer las relaciones con Jose Luis Borges no fueron tan amistosas.

A su vuelta la represión de la República de Derechos por los hechos de Cataluña y Asturias le deprimieron. En 1935 terminó su elegía por el torero Ignacio Sánchez Mejías, herido de muerte en la plaza de Manzanares y *Doña Rosita la*

Soltera o el lenguaje de las flores en donde exploraba a la vez su propio pasado y el espíritu de la Granada que había inspirado su poesía. Se trataba de una comedia de salón y jardín.

La consagración teatral definitiva de Lorca en España tendrá lugar en 1935 con el triunfo de *Yerma* en el teatro Español de Madrid y el estreno de *Bodas de sangre* en Nueva York en versión inglesa. La actriz que más le encandila para sus obras es la catalana Margarita Xirgu, un auténtico mito del teatro que abandonaría España en 1936, tras las últimas representaciones en Barcelona de *Bodas de sangre* y *Doña Rosita la Soltera*, asfixiada por el gobierno de las derechas.

Precisamente la falta de ayuda estatal y las presiones consiguientes, terminarán con el extraordinario experimento de La Barraca, que en 1935 dejaría de existir.

El triunfo del Frente Popular en las elecciones de febrero de 1936 dio un respiro para Lorca que terminaría y estrenaría su obra inmortal *La casa de Bernarda Alba*.

Poco le duraría el triunfo, porque a mediados de agosto, sería una de las víctimas en Granada de la tragedia de la Guerra Civil, apenas cumplidos los treinta y ocho años.*

No es nuestro propósito profundizar en ello, como tampoco en la homosexualidad del escritor por ser nuestro objetivo solamente literario. Sí es cierto que su tendencia, que respetamos, influyó en su exquisita sensibilidad como escritor.

La extraordinaria personalidad de Lorca presenta una doble fisonomía: de un lado su vitalidad y simpatía arrolladoras; de otro un íntimo malestar, un dolor existencias como escribiera Unamuno. Por ello en su producción, vasta, para su relativamente corta vida, constreñida por las degraciadas circunstancias, al lado de manifestaciones de alegre gracejo andaluz, se ofrece como razón obsesiva central, el tema del destino trágico, la más terrible frustración ante la imposibilidad de realizarse.

---

* En la carretera de Viznar, cerca de Granada y no lejos de Alfacar.

Su poesía pura de arraigo popular e íntimos anhelos que alcanza la cumbre de la universalidad y del lirismo. Su teatro que llega a alturas, junto con el de Valle Inclán, no alcanzadas desde el Siglo de oro. Sus tragedias no desmerecen junto a las de los eximios clásicos griegos reanudando el sentido auténtico de la misma. Su personalidad será siempre inolvidable como su imperecedera fama literaria contra todos los vientos desfavorables y mareas de la Historia.

"LA CASA DE BERNARDA ALBA"

Por desgracia fue la última obra escrita por García lorca. Terminada el 16 de junio de 1936 en Madrid, su estreno no tuvo lugar hasta el 8 de marzo de 1945 en Buenos Aires por la compañía de Margarita Xirgu. Este mismo año y también en Buenos Aires se publicó la primera edición de la tragedia. La obra se titulaba *Drama de las mujeres de los pueblos de España*, cosa que indica la intención generalizadora del autor.

Parece que Lorca como en otras obras suyas se inspiró en la realidad y que algunos de sus personajes existieron realmente en el pueblo de la Asquerosa, cercano a Granada que vivían frente a la casa del padre del escritor al lado de los primos de Federico.

Lorca se enfrenta con la atmósfera cargada de la España profunda y consigue un cuadro de negras tintas enlazado con las preocupaciones de la generación del 98.

La acción se desarrolla en tres actos. El conflicto estalla entre la rigidez clasista de Bernarda, la protagonista y sus cinco hijas. De un lado la viuda rígida, dominante autoritaria; de otro las hijas, rebelándose contra el encierro y la soledad, movidas por el instinto amoroso, roídas por la envidia, angustiadas por su inútil juventud. Éstas dos fuerzas impulsan la acción, tensa, sombría, descarnada.

Bernarda es quizás el personaje femenino más recio, más vigoroso del teatro español contemporáneo. Su autoritarismo se impone en todo el drama. Ejerce el mando de la casa, enclaustra a sus hijas, se impone por el miedo. Desde su propio compartimento y con los juicios de las criadas, se configura como una mujer portadora de unas cualidades positivas para ella, pero negativas para los lectores o espectadores.

Algunas de éstas cualidades actúan constantemente en el desarrollo de la acción. Su clasismo margina constantemente a los que no pertenecen a su *status* económico. Su puritanismo, con su rígido concepto de la moral, se manifiesta cuando incita a los vecinos a que maten a la hija de la Librada, porque tuvo un hijo de soltera.

La fuerza juvenil está representada por Adela, la hija menor, con sus veinte años, con su decisión de saltarse todas las convenciones. Rompe con la moral codificada por la tradición cultural y se entrevista de noche con el prometido de su hermanastra. Posee la energía suficiente para desafiar a sus oponentes. Pero el despecho de Martirio que la sorprende en la última cita, atrae a Bernarda y provoca el enfrentamiento porque otra hermana, Angustias, se pone también del lado de la madre. La postura de Magdalena es vacilante, primero opuesta, después contraria a Martirio.

El desenlace, digno de una tragedia griega, preferimos que el lector juzgue por si mismo. Tras él lo único que le interesa a la insensible Bernarda es "el qué dirán" y se apresura a sofocar el escándalo.

El subtítulo de la obra nos hace pensar en una representación geográfica amplia, de la "España profunda", espejo de la vida estancada, inmovilizada de la época, frente a los intentos de renovación fallidos por la reacción autoritaria del Alzamiento.

Así pues, en la última parte de la obra triunfa la tradicional moral española, la idea del honor femenino. Angustiadas por el deseo, las mujeres han de conservarse vírgenes por encima de su necesidad biológica. Antes la muerte que caer en una relación fuera del matrimonio. Así lo hace saber Bernarda con autoritario talante acallando toda protesta.

La rebeldía de las mujeres, demuestra que éstas aspiran a conseguir sus derechos naturales. Árdua tarea ante la costumbre social vigente entonces en los pueblos, más arraigada cuanto más perdidos y dispersos se hallen por la geografía española, reminiscencias judeo-islámicas mezcladas con un puritanismo cristiano exacerbado que han levantado un muro infranqueable. Antes que el deshonor femenino, la muerte. Tragedia digna de un Sófocles o un Eurípides.

El silencio es la contestación al orgullo y honor español. Bernarda prefiere ser la portadora de una ancestral y caduca cultura prescindiendo de la justicia más generosa.

Se trata de un eterno conflicto generacional, todavía no superado entre la madre representante de la colectividad conservadora que atemoriza y atrae a dos de sus hijas y las otras que junto con las criadas esgrimen como generación rebelde la bandera de la libertad contra las ideas ratificadas por el Siglo de Oro.

Bernarda es además representante de una vieja burguesía tradicional que sólo tiene el honor por bandera, anclada en un desprecio hacia el pueblo y sin un atisbo de caridad. Con todos sus defectos y repugnancia se convierte en una auténtica heroína clásica.

A través de su conducta y de sus palabras descubrimos con fuerza avasalladora el pensamiento de la sociedad de la época. El nivel social era lo más importante para escoger marido, sin ningún tipo de libertad por parte de la mujer. Bernarda sigue a rajatabla esta costumbre ancestral con objeto de salvar su reputación, cosa que le aconseja la propia policía. Clasifica a cada ser humano según su *status* social. "Los que viven a sueldo sólo tienen que servir, cobrar y callar", dice.

¡Pobre Pepe el Romano!, el único hombre en aquella sociedad de mujeres atormentadas, atemorizadas. La obra es una viva protesta de la sociedad española de su tiempo.

¡Ocho años de luto sin que entre el viento de la calle, tal como sucedió en casa del padre y del abuelo de Bernarda! —Mientras, ordena ella— "podéis empezar a bordar el ajuar..."

Poncia* y las hijas son la nueva generación que intenta romper las cadenas. Representan la mentalidad liberal que se está fraguando imparable y aunque sumisas al régimen dictatorial, sin conocer más que la frustración, intentan larvar su venganza.

Es el reflejo de la realidad española del momento que Lorca quiere expresar tan crudamente, pero tan realista, sintiéndose español hasta la médula, pero no un español de "aquéllos", un español universal, hermano de todos, portador de la auténtica doctrina del Evangelio.

Eso es lo que estaba pasando en la España de la época, la lucha entre las Adelas y las Bernardas, aunque de momento ganen éstas.

Algo a objetar, sin embargo: cuando Adela arrebata un bastón a su madre y lo parte en dos manifiesta: "Esto hago yo con la vara de la dominadora. No dé usted un paso más. En mí no manda nadie más que Pepe." La rebelión ante la sociedad es bien patente, pero la sumisión ante el hombre, también. En nuestra época esto es inconcebible y la mujer todavía no se ha conseguido. Sea como fuere, Bernarda y Adela no dejan de ser las representantes más genuinos de la tiranía y la libertad.

"LA ZAPATERA PRODIGIOSA"

Se trata de un remedo de *entremés* serio como obra dramática jocosa. Inspirado en múltiples cuentos, Lorca lo

* Poncia, niñera de Bernarda, calla ante el sueldo, pero también protesta.

recrea dramáticamente enlazando con la mejor tradición cervantina o lopesca. Escrito desde 1923 o 1924 en que da por terminado el primer acto, hasta su estreno en 1930, su renovación en 1933 y su presentación en Buenos Aires, y de nuevo en Madrid en 1935, Lorca regresó varias veces sobre la protagonista y sus andanzas.

Se trata de la moza joven y de buen ver que se casa con un zapatero viejo para tener protección y cobijo. Ya casada, la sarta de improperios que la bella zapaterita profiere contra él, hacen irresistible la vida del bonachón y laborioso zapatero hasta el punto de que un día decide marcharse y dejar el campo libre a aquella "fierecilla que no se ha podido domar".

Sobreviene lo sorprendente. En la ausencia la zapaterita idealiza al marido y si para subsistir monta una especie de tabernucho, no permite que ningún moscón, incluidos caciques y autoridades (como el alcalde), mancillen ni un ápice de su honra.

Al saberlo el zapatero, cree que su mujer ha cambiado y regresa disfrazado de titiritero para recitar su historia en "el romance de reconocimiento". Mientras en el pueblo hasta hay peleas con heridas incluidas (de navaja, ¿cómo no?) por beneficiarse a la zapatera, hasta el punto es que el jaleo es tan morrocotudo que llega a sus oídos el deseo de que se marche para evitar más pendencias.

La recitación del supuesto titiritero y la explosiva situación hacen que ésta se lance llorosa en brazos del nuevo Ulises que se da a conocer. Pero la nueva Penélope no está para historias y vuelve a insultar al marido anunciándole el futuro que le espera.

Entremés cervantino moderno que recuerda a obras como *Los habladores* y que al bajar el telón suscita que el público participe de la algarabia y juzgue el hecho, ayudando a poner fin a su obra el autor. Obra que se alinea junto con las farsas burlescas *Amor de don Perlimplín con Belisa en su jardín* y *Así que pasen cinco años*.

El tema fundamental de la obra es la dramática lucha dialéctica que se establece en el interior de cada ser humano entre la realidad y el deseo que enlaza con la obra de Garcilaso. La fantasía está continuamente presente.

La Zapatera sueña enamorados imposibles representados por el alcalde, don Mirlo o los mozos... Insatisfecha sin cesar, finge sus novios y transfigura al Zapatero cuando este está ausente, lo ha convertido en nostalgia, en recuerdo. Su madurez se consumaría al tomar conciencia de su forzada soledad.

El matrimonio entre la "niña" y el viejo posee una larga tradición folclórica, teatral y literaria, pero de rechazo y si por casualidad existe amor verdadero es la comidilla y la risa de los demás que contribuyen al desconocimiento entre ellos de su carácter.

Aparece también como en otras obras de Lorca el tópico del hijo imposible en la figura del Niño con el que da rienda suelta a su fantasía desbordada. El niño es su confidente que le pone al corriente de las habladurías con las coplas que tanto hieren a la Zapatera. Ahora se barrunta como se llamaba aquel niño al publicarse recientemente *Los sueños de mi prima Aurelia*.

Seducido por "el sentimiento trágico de la vida" Lorca creó unas tragicomedias sui generis, unas farsas articuladas como en *La Zapatera* alrededor de dos personajes casi sin argumento y con el consiguiente coro, en este caso, el pueblo de vecinas, beatas, gentes en una palabra: todo el público. Sucede lo mismo que en un poema en donde se repiten los elementos como un estribillo, parece que la acción no pudiera desarrollarse pero quedara abierta a la toma de múltiples caminos como el romance que recita el Zapatero a su vuelta. Fantasía que se plasma en el anuncio de los navajazos infligidos en la pelea (¿supuesta?).

No había que buscar precedentes tan remotos cervantinos como *El viejo celoso*, Lorca los tenía en los *esperpentos* valleinclanescos en los que se mezclaba la farsa con la tragedia como *Luces de Bohemia* o los sainetes de Arniches así como sus tragedias grotescas, Lorca no habló nunca de editarla, sino para representarla y modificarla según circunstancias por el director de escena, en primer lugar el propio Federico, su autor.

En el ensayo de la representación Lorca sintió una extrema preocupación por el movimiento y los gestos de los actores, cronometró al segundo el tiempo de intervención de cada uno así como los colores de los trajes utilizados ("el lenguaje de los colores").

La construcción de la farsa es circular de estructura cerrada: acaba como empezó, pero entonces se abre al futuro, el Zapatero, pese a todos los inconvenientes y mal carácter, sabe que a pesar de todo su mujer siente algo por él al darse cuenta de que ya no estará sola para sortear todos los embates de habladurías y burlas.

Aunque el carácter de la Zapatera no ha cambiado, su sentimiento hacia el cónyugue sí (no tiene más alternativa). Por otra parte, al casarse ella de clase inferior que él, no tuvo más remedio que, amoldarse surgiendo así un cariño escondido con la ausencia, un poco masoquista, pero necesaria. La una como defensa, el otro huyendo de la soledad. Al parecer de cara al público, a sus paisanos la actitud entre ellos parece que no ha variado, pero ha surgido una ternura interna escondida, aunque para su defensa hayan escogido disfrazarse.

Al desaparecer casi la acción, solamente visible en el acto primero, el argumento adopta las características de un romance salpicado de coplas con un hilo conductor el Niño, testigo de la marcha del Zapatero y de su vuelta como nuevo Telémaco salvando las distancias. Música y coplas del pueblo (los coros griegos, el público) acompañarán el planteamiento y el desenlace.

Tras la presentación por la Xirgu en Madrid la Nochebuena de 1930 en el Español con considerable éxito, relanzó la obra con un nuevo estreno en el Avenida de Buenos Aires en 1933, según él el "auténtico estreno" por las modificaciones que realizó. Lola Membrives fue la Zapatera... El prólogo leído por el propio Lorca no tiene desperdicio. Las canciones de *Los peregrinos* y *Los cuatro muleros* (tan repetida en zona republicana durante la Guerra Civil) se hicieron proverbiales, gracias a los discos de la Argentinita grabados por *La voz de su amo*.

Para la redacción de la obra Lorca debió haber leído *El celoso extremeño* de Cervantes, pero sobre todo, Pedro Antonio de Alarcón le había puesto en bandeja más detalles para su inspiración, en especial, cuando su amigo Falla transformó en ballet *El sombrero de tres picos*.

Una vez más como acontecerá en sus obras, Lorca se inspiró en personajes y elementos reales, recordados esta vez de su infancia en la Vega de Granada y más concretamente de su estancia en Asquerosa.

El traje verde rabioso con que la Zapatera se presenta en la escena primera del acto primero y reaparece en *La casa de Bernarda Alba* le recuerda al parecer uno que se puso un día su prima Clotilde (en la que basaría después *Doña Rosita la soltera. La polquita antigua* de la escena octava del acto primero interpretada en la calle por una flauta a la que acompaña una guitarra le recuerda a Lorca una que tocaba con un clarín un tal Pepe el pintor y que hacía las delicias del futuro escritor.

Cuando Federico vivía de niño en Fuente Vaqueros había un alcalde en un pueblo vecino del que tomó los rasgos para el personaje de la Zapatera. Precisamente en él vivían los Camborio mitificados en el *Romancero gita-*

no... y el famoso Niño que desempeña un papel tan importante en la obra parece ser él mismo, porque el cariño que experimenta por la Zapatera parece ser el que tenía por varias de sus primas y la emoción que experimentó por primera vez al ver el primer espectáculo de guiñol lo vertió en la vuelta del zapatero disfrazado de titiritero. Lo del espadón del abuelo es también un hecho real de la infancia de Lorca y la lengua insultante de la Zapatera también se ha focalizado en los improperios de una criada cuando regañaba a su novio.

En definitiva, junto a los rasgos del guiñol, Lorca nos ofrece de nuevo la obsesión con el amor que no pudo ser, aunque al final entre las burlas correspondientes parece mitigar tal aserto. Él mismo escribirá:

> "Yo he querido expresar en la Zapatera la lucha de la realidad con la fantasía (entendiendo por ella todo lo que es inalcanzable) que existe en el fondo de toda criatura. no hay más protagonista que ella y su subordinado junto con la masa del pueblo que los rodea con un cinturón de espinas y carcajadas.

Por una vez no aparece la muerte como tal aunque sí salen a relucir hipotéticos negros presagios en boca de un supuesto amante de ésta (o por lo menos que desea serlo) contra el pobre Zapatero, naturalmente con una navaja barbera, así como las cuchilladas de dos pretendientes (por cierto que la navaja barbera no pincha, sólo corta).

Lorca desea hablar al pueblo no a la aristocracia como hasta entonces, ni a la burguesía "que sólo viene a dormirse" (en sus propias palabras):

> "Hemos ido en busca de la gente sencilla, para mostrarle las cosas, las cosillas y las cositillas del mun-

do; bajo la luna verde de las montañas, bajo la luna rosa de las playas.”

Así pues, el poeta sabe que el público oirá con alegría y sencillez, expresiones y vocablos que nacen de la tierra y que servirán de limpieza en una época en que maldades, errores y sentimientos turbios llegan hasta lo más hondo de los hogares. (¡Y el que se dé por aludido que calle!)

Francesc Lluis Cardona

La casa de Bernarda Alba

Personajes

Bernarda (60 años)
María Josefa, madre de Bernarda (80 años)
Angustias, hija de Bernarda (39 años)
Magdalena, hija de Bernarda (30 años)
Amelia, hija de Bernarda (27 años)
Martirio, hija de Bernarda (24 años)
Adela, hija de Bernarda (20 años)
La Poncia criada (60 años)
Criada (50 años)
Mendiga
Mujer 1ª
Mujer 2ª
Mujer 3ª
Mujer 4ª
Muchacha

•

Mujeres de luto

El poeta advierte que estos tres actos tienen la intención de un documental fotográfico.

Acto primero

Habitación blanquísima del interior de la casa de Bernarda. Muros gruesos. Puertas en arco con cortinas de yute rematadas con madroños y volantes. Sillas de anea. Cuadros con paisajes inverosímiles de ninfas o reyes de leyenda. Es verano. Un gran silencio umbroso se extiende por la escena. Al levantarse el telón está la escena sola. Se oyen doblar las campanas.

(Sale la Criada)

Criada: Ya tengo el doble de esas campanas metido entre las sienes.

La Poncia: *(Sale comiendo chorizo y pan)* Llevan ya más de dos horas de gori-gori. Han venido curas de todos los pueblos. La iglesia está hermosa. En el primer responso se desmayó la Magdalena.

Criada: Es la que se queda más sola.

La Poncia: Era la única que quería al padre. ¡Ay! ¡Gracias a Dios que estamos solas un poquito! Yo he venido a comer.

Criada: ¡Si te viera Bernarda...!

La Poncia: ¡Quisiera que ahora, que no come ella, que todas nos muriéramos de hambre! ¡Mandona! ¡Dominanta! ¡Pero se fastidia! Le he abierto la orza de chorizos.

Criada: *(Con tristeza, ansiosa)* ¿Por qué no me das para mi niña, Poncia?

La Poncia: Entra y llévate también un puñado de garbanzos. ¡Hoy no se dará cuenta!

Voz *(Dentro)*: ¡Bernarda!

La Poncia: La vieja. ¿Está bien cerrada?

Criada: Con dos vueltas de llave.

La Poncia: Pero debes poner también la tranca. Tiene unos dedos como cinco ganzúas.

Voz: ¡Bernarda!

La Poncia: *(A voces)* ¡Ya viene! *(A la Criada)* Limpia bien todo. Si Bernarda no ve relucientes las cosas me arrancará los pocos pelos que me quedan.

Criada: ¡Qué mujer!

La Poncia: Tirana de todos los que la rodean. Es capaz de sentarse encima de tu corazón y ver cómo te mueres durante un año sin que se le cierre esa sonrisa fría que lleva en su maldita cara. ¡Limpia, limpia ese vidriado!

Criada: Sangre en las manos tengo de fregarlo todo.

La Poncia: Ella, la más aseada; ella, la más decente; ella, la más alta. Buen descanso ganó su pobre marido.

(Cesan las campanas.)

Criada: ¿Han venido todos sus parientes?

La Poncia: Los de ella. La gente de él la odia. Vinieron a verlo muerto, y le hicieron la cruz.

Criada: ¿Hay bastantes sillas?

La Poncia: Sobran. Que se sienten en el suelo. Desde que murió el padre de Bernarda no han vuelto a entrar las gentes bajo estos techos. Ella no quiere que la vean en su dominio. ¡Maldita sea!

Criada: Contigo se portó bien.

La Poncia: Treinta años lavando sus sábanas; treinta años comiendo sus sobras; noches en vela cuando tose; días enteros mirando por la rendija para espiar a los vecinos y llevarle el cuento; vida sin secretos una con otra, y sin embargo, ¡maldita sea! ¡Mal dolor de clavo le pinche en los ojos!

Criada: ¡Mujer!

La Poncia: Pero yo soy buena perra; ladro cuando me lo dice y muerdo los talones de los que piden limosna cuando ella me azuza; mis hijos trabajan en sus tierras y ya están los dos casados, pero un día me hartaré.

Criada: Y ese día...

La Poncia: Ese día me encerraré con ella en un cuarto y le estaré escupiendo un año entero. "Bernarda, por esto, por aquello, por lo otro", hasta ponerla como un lagarto machacado por los niños, que es lo que es ella y toda su parentela. Claro es que no le envidio la vida. La quedan cinco mujeres, cinco hijas feas, que quitando a Angustias, la mayor, que es la hija del primer marido y tiene dineros, las demás mucha puntilla bordada, muchas camisas de hilo, pero pan y uvas por toda herencia.

Criada: ¡Ya quisiera tener yo lo que ellas!

La Poncia: Nosotras tenemos nuestras manos y un hoyo en la tierra de la verdad.

Criada: Ésa es la única tierra que nos dejan a las que no tenemos nada.

La Poncia: *(En la alacena)* Este cristal tiene unas motas.

Criada: Ni con el jabón ni con bayeta se le quitan.

(Suenan las campanas)

La Poncia: El último responso. Me voy a oírlo. A mí me gusta mucho cómo canta el párroco. En el "Pater noster" subió, subió, subió la voz que parecía un cántaro llenándose de agua poco a poco. ¡Claro es que al final dio un gallo, pero da gloria oírlo! Ahora que nadie como el antiguo sacristán, Tronchapinos. En la misa de mi madre, que esté en gloria, cantó. Retumbaban las paredes, y cuando decía amén era como si un lobo hubiese entrado en la iglesia. *(Imitándolo)* ¡Ameeeén! *(Se echa a toser)*

Criada: Te vas a hacer el gaznate polvo.

La Poncia: ¡Otra cosa hacía polvo yo! *(Sale riendo)*

(La Criada limpia. Suenan las campanas)

Criada: *(Llevando el canto)* Tin, tin, tan. Tin, tin,

tan. ¡Dios lo haya perdonado!

Mendiga: *(Con una niña)* ¡Alabado sea Dios!

Criada: Tin, tin, tan. ¡Que nos espere muchos años! Tin, tin, tan.

Mendiga: *(Fuerte con cierta irritación)* ¡Alabado sea Dios!

Criada: *(Irritada)* ¡Por siempre!

Mendiga: Vengo por las sobras. *(Cesan las campanas)*

Criada: Por la puerta se va a la calle. Las sobras de hoy son para mí.

Mendiga: Mujer, tú tienes quien te gane. ¡Mi niña y yo estamos solas!

Criada: También están solos los perros y viven.

Mendiga: Siempre me las dan.

Criada: Fuera de aquí. ¿Quién os dijo que entrarais? Ya me habéis dejado los pies señalados. *(Se van. Limpia.)* Suelos barnizados con aceite, alacenas, pedestales, camas de acero, para que traguemos quina las que vivimos en las chozas de tierra con un plato y una cuchara. ¡Ojalá que un día no quedáramos ni uno para contarlo! *(Vuelven a sonar las campanas)* Sí, sí, ¡vengan clamores! ¡venga caja con filos dorados y toallas de seda para llevarla!; ¡que lo mismo estarás tú que estaré yo! Fastídiate, Antonio María Benavides, tieso con tu traje de paño y tus botas enterizas. ¡Fastídiate! ¡Ya no volverás a levantarme las enaguas detrás de la puerta de tu corral! *(Por el fondo, de dos en dos, empiezan a entrar mujeres de luto con pañue-*

los grandes, faldas y abanicos negros. Entran lentamente hasta llenar la escena) (Rompiendo a gritar) ¡Ay Antonio María Benavides, que ya no verás estas paredes, ni comerás el pan de esta casa! Yo fui la que más te quiso de las que te sirvieron. *(Tirándose del cabello)* ¿Y he de vivir yo después de verte marchar? ¿Y he de vivir? *(Terminan de entrar las doscientas mujeres y aparece Bernarda y sus cinco hijas)*

Bernarda: *(A la Criada)* ¡Silencio!

Criada: *(Llorando)* ¡Bernarda!

Bernarda: Menos gritos y más obras. Debías haber procurado que todo esto estuviera más limpio para recibir al duelo. Vete. No es éste tu lugar. *(La Criada se va sollozando)* Los pobres son como los animales. Parece como si estuvieran hechos de otras sustancias.

Mujer 1: Los pobres sienten también sus penas.

Bernarda: Pero las olvidan delante de un plato de garbanzos.

Muchacha 1: *(Con timidez)* Comer es necesario para vivir.

Bernarda: A tu edad no se habla delante de las personas mayores.

Mujer 1: Niña, cállate.

Bernarda: No he dejado que nadie me dé lecciones. Sentarse. *(Se sientan. Pausa) (Fuerte)* Magdalena, no llores. Si quieres llorar te metes debajo de la cama. ¿Me has oído?

Mujer 2: *(A Bernarda)* ¿Habéis empezado los trabajos en la era?

Bernarda: Ayer.

Mujer 3: Cae el sol como plomo.

Mujer 1: Hace años no he conocido calor igual.

(Pausa. Se abanican todas)

Bernarda: ¿Está hecha la limonada?

La Poncia: *(Sale con una gran bandeja llena de jarritas blancas, que distribuye.)* Sí, Bernarda.

Bernarda: Dale a los hombres.

La Poncia: Ya están tomando en el patio.

Bernarda: Que salgan por donde han entrado. No quiero que pasen por aquí.

Muchacha: *(A Angustias)* Pepe el Romano estaba con los hombres del duelo.

Angustias: Allí estaba.

Bernarda: Estaba su madre. Ella ha visto a su madre. A Pepe no lo ha visto ni ella ni yo.

Muchacha: Me pareció...

Bernarda: Quien sí estaba era el viudo de Darajalí. Muy cerca de tu tía. A ése lo vimos todas.

Mujer 2: *(Aparte y en baja voz)* ¡Mala, más que mala!

Mujer 3: *(Aparte y en baja voz)* ¡Lengua de cuchillo!

Bernarda: Las mujeres en la iglesia no deben mirar más hombre que al oficiante, y a ése porque tiene faldas. Volver la cabeza es buscar el calor de la pana.

Mujer 1: *(En voz baja)* ¡Vieja lagarta recocida!

La Poncia: *(Entre dientes)* ¡Sarmentosa por calentura de varón!

Bernarda: *(Dando un golpe de bastón en el suelo)* ¡Alabado sea Dios!

Todas: *(Santiguándose)* Sea por siempre bendito y alabado.

Bernarda: ¡Descansa en paz con la santa compaña de cabecera!

Todas: ¡Descansa en paz!

Bernarda: Con el ángel San Miguel
y su espada justiciera

Todas: ¡Descansa en paz!

Bernarda: Con la llave que todo lo abre
y la mano que todo lo cierra.

Todas: ¡Descansa en paz!

Bernarda: Con los bienaventurados
y las lucecitas del campo.

Todas: ¡Descansa en paz!

Bernarda: Con nuestra santa caridad
y las almas de tierra y mar.

Todas: ¡Descansa en paz!

Bernarda: Concede el reposo a tu siervo Antonio María Benavides y dale la corona de tu santa gloria.

Todas: Amén.

Bernarda: *(Se pone de pie y canta)*
"Réquiem aeternam dona eis, Domine".

Todas: *(De pie y cantando al modo gregoriano)*

"Et lux perpetua luceat eis". *(Se santiguan)*

Mujer 1: Salud para rogar por su alma. *(Van desfilando)*

Mujer 3: No te faltará la hogaza de pan caliente.

Mujer 2: Ni el techo para tus hijas.

(Van desfilando todas por delante de Bernarda y saliendo. Sale Angustias por otra puerta, la que da al patio)

Mujer 4: El mismo trigo de tu casamiento lo sigas disfrutando.

La Poncia: *(Entrando con una bolsa)* De parte de los hombres esta bolsa de dineros para responsos.

Bernarda: Dales las gracias y échales una copa de aguardiente.

Muchacha: *(A Magdalena)* Magdalena...

Bernarda: *(A Magdalena, que inicia el llanto)* Chist. *(Golpea con el bastón.) (Salen todas.) (A las que se han ido)* ¡Andar a vuestras cuevas a criticar todo lo que habéis visto! Ojalá tardéis muchos años en pasar el arco de mi puerta.

La Poncia: No tendrás queja ninguna. Ha venido todo el pueblo.

Bernarda: Sí, para llenar mi casa con el sudor de sus refajos y el veneno de sus lenguas.

Amelia: ¡Madre, no hable usted así!

Bernarda: Es así como se tiene que hablar en este maldito pueblo sin río, pueblo de pozos, donde siempre se bebe el agua con el miedo de que esté envenenada.

La Poncia: ¡Cómo han puesto la solería!

Bernarda: Igual que si hubiera pasado por ella una manada de cabras. *(La Poncia limpia el suelo)* Niña, dame un abanico.

Amelia: Tome usted. *(Le da un abanico redondo con flores rojas y verdes.)*

Bernarda: *(Arrojando el abanico al suelo)* ¿Es éste el abanico que se da a una viuda? Dame uno negro y aprende a respetar el luto de tu padre.

Martirio: Tome usted el mío.

Bernarda: ¿Y tú?

Martirio: Yo no tengo calor.

Bernarda: Pues busca otro, que te hará falta. En ocho años que dure el luto no ha de entrar en esta casa el viento de la calle. Haceros cuenta que hemos tapiado con ladrillos puertas y ventanas. Así pasó en casa de mi padre y en casa de mi abuelo. Mientras, podéis empezar a bordaros el ajuar. En el arca tengo veinte piezas de hilo con el que podréis cortar sábanas y embozos. Magdalena puede bordarlas.

Magdalena: Lo mismo me da.

Adela: *(Agria)* Si no queréis bordarlas irán sin bordados. Así las tuyas lucirán más.

Magdalena: Ni las mías ni las vuestras. Sé que yo no me voy a casar. Prefiero llevar sacos al molino. Todo menos estar sentada días y días dentro de esta sala oscura.

Bernarda: Eso tiene ser mujer

Magdalena: Malditas sean las mujeres.

Bernarda: Aquí se hace lo que yo mando. Ya no puedes ir con el cuento a tu padre. Hilo y aguja para las hembras. Látigo y mula para el varón. Eso tiene la gente que nace con posibles. *(Sale Adela.)*

Voz: ¡Bernarda!, ¡déjame salir!

Bernarda: *(En voz alta)* ¡Dejadla ya! *(Sale la Criada.)*

Criada: Me ha costado mucho trabajo sujetarla. A pesar de sus ochenta años tu madre es fuerte como un roble.

Bernarda: Tiene a quien parecérsele. Mi abuelo fue igual.

Criada: Tuve durante el duelo que taparle varias veces la boca con un costal vacío porque quería llamarte para que le dieras agua de fregar siquiera, para beber, y carne de perro, que es lo que ella dice que tú le das.

Martirio: ¡Tiene mala intención!

Bernarda: *(A la Criada.)* Déjala que se desahogue en el patio.

Criada: Ha sacado del cofre sus anillos y los pendientes de amatistas, se los ha puesto y me ha dicho que se quiere casar. *(Las hijas ríen.)*

Bernarda: Ve con ella y ten cuidado que no se acerque al pozo.

Criada: No tengas miedo que se tire.

Bernarda: No es por eso... Pero desde aquel sitio las vecinas pueden verla desde su ventana. *(Sale la Criada.)*

Martirio: Nos vamos a cambiar la ropa.

Bernarda: Sí, pero no el pañuelo de la cabeza. *(Entra Adela.)* ¿Y Angustias?

Adela: *(Con retintín.)* La he visto asomada a la rendija del portón. Los hombres se acababan de ir.

Bernarda: ¿Y tú a qué fuiste también al portón?

Adela: Me llegué a ver si habían puesto las gallinas.

Bernarda: ¡Pero el duelo de los hombres habría salido ya!

Adela: *(Con intención)* Todavía estaba un grupo parado por fuera.

Bernarda: (*Furiosa)* ¡Angustias! ¡Angustias!

Angustias: *(Entrando.)* ¿Qué manda usted?

Bernarda: ¿Qué mirabas y a quién?

Angustias: A nadie.

Bernarda: ¿Es decente que una mujer de tu clase vaya con el anzuelo detrás de un hombre el día de la misa de su padre? ¡Contesta! ¿A quién mirabas? *(Pausa.)*

Angustias: Yo...

Bernarda: ¡Tú!

Angustias: ¡A nadie!

Bernarda: *(Avanzando con el bastón)* ¡Suave! ¡dulzarrona! *(Le da)*

La Poncia: *(Corriendo)* ¡Bernarda, cálmate! *(La sujeta) (Angustias llora.)*

Bernarda: ¡Fuera de aquí todas! *(Salen)*

La Poncia: Ella lo ha hecho sin dar alcance a lo que hacía, que está francamente mal. ¡Ya me chocó a mí verla escabullirse hacia el patio! Luego estuvo detrás de una ventana oyendo la conversación que traían los hombres, que, como siempre, no se puede oír.

Bernarda: ¡A eso vienen a los duelos! *(Con curiosidad)* ¿De qué hablaban?

La Poncia: Hablaban de Paca la Roseta. Anoche ataron a su marido a un pesebre y a ella se la llevaron a la grupa del caballo hasta lo alto del olivar.

Bernarda: ¿Y ella?

La Poncia: Ella, tan conforme. Dicen que iba con los pechos fuera y Maximiliano la llevaba cogida como si tocara la guitarra. ¡Un horror!

Bernarda: ¿Y qué pasó?

La Poncia: Lo que tenía que pasar. Volvieron casi de día. Paca la Roseta traía el pelo suelto y una corona de flores en la cabeza.

Bernarda: Es la única mujer mala que tenemos en el pueblo.

La Poncia: Porque no es de aquí. Es de muy lejos. Y los que fueron con ella son también hijos de forasteros. Los hombres de aquí no son capaces de eso.

Bernarda: No, pero les gusta verlo y comentarlo, y se chupan los dedos de que esto ocurra.

La Poncia: Contaban muchas cosas más.

Bernarda: *(Mirando a un lado y a otro con cierto temor)* ¿Cuáles?

La Poncia: Me da vergüenza referirlas.

Bernarda: Y mi hija las oyó.

La Poncia: ¡Claro!

Bernarda: Ésa sale a sus tías; blancas y untosas que ponían ojos de carnero al piropo de cualquier barberillo. ¡Cuánto hay que sufrir y luchar para hacer que las personas sean decentes y no tiren al monte demasiado!

La Poncia: ¡Es que tus hijas están ya en edad de merecer! Demasiada poca guerra te dan. Angustias ya debe tener mucho más de los treinta.

Bernarda: Treinta y nueve justos.

La Poncia: Figúrate. Y no ha tenido nunca novio...

Bernarda: *(Furiosa)* ¡No, no ha tenido novio ninguna, ni les hace falta! Pueden pasarse muy bien.

La Poncia: No he querido ofenderte.

Bernarda: No hay en cien leguas a la redonda quien se pueda acercar a ellas. Los hombres de aquí no son de su clase. ¿Es que quieres que las entregue a cualquier gañán?

La Poncia: Debías haberte ido a otro pueblo.

Bernarda: Eso, ¡a venderlas!

La Poncia: No, Bernarda, a cambiar... ¡Claro que en otros sitios ellas resultan las pobres!

Bernarda: ¡Calla esa lengua atormentadora!

La Poncia: Contigo no se puede hablar. ¿Tenemos o no tenemos confianza?

Bernarda: No tenemos. Me sirves y te pago. ¡Nada más!

Criada: *(Entrando.)* Ahí está don Arturo, que viene a arreglar las particiones.

Bernarda: Vamos. *(A la Criada.)* Tú empieza a blanquear el patio. *(A la Poncia.)* Y tú ve guardando en el arca grande toda la ropa del muerto.

La Poncia: Algunas cosas las podríamos dar...

Bernarda: Nada. ¡Ni un botón! ¡Ni el pañuelo con que le hemos tapado la cara! *(Sale lentamente apoyada en el bastón y al salir vuelve la cabeza y mira a sus criadas. Las criadas salen después.)* *(Entran Amelia y Martirio.)*

Amelia: ¿Has tomado la medicina?

Martirio: ¡Para lo que me va a servir!

Amelia: Pero la has tomado.

Martirio: Yo hago las cosas sin fe, pero como un reloj.

Amelia: Desde que vino el médico nuevo estás más animada.

Martirio: Yo me siento lo mismo.

Amelia: ¿Te fijaste? Adelaida no estuvo en el duelo.

Martirio: Ya lo sabía. Su novio no la deja salir ni al tranco de la calle. Antes era alegre; ahora ni polvos echa en la cara.

Amelia: Ya no sabe una si es mejor tener novio o no.

Martirio: Es lo mismo.

Amelia: De todo tiene la culpa esta crítica que no nos deja vivir. Adelaida habrá pasado mal rato.

Martirio: Le tienen miedo a nuestra madre. Es la

única que conoce la historia de su padre y el origen de sus tierras. Siempre que viene le tira puñaladas el asunto. Su padre mató en Cuba al marido de primera mujer para casarse con ella. Luego aquí la abandonó y se fue con otra que tenía una hija y luego tuvo relaciones con esta muchacha, la madre de Adelaida, y se casó con ella después de haber muerto loca la segunda mujer.

Amelia: Y ese infame, ¿por qué no está en la cárcel?

Martirio: Porque los hombres se tapan unos a otros las cosas de esta índole y nadie es capaz de delatar.

Amelia: Pero Adelaida no tiene culpa de esto.

Martirio: No, pero las cosas se repiten. Y veo que todo es una terrible repetición. Y ella tiene el mismo sino de su madre y de su abuela, mujeres las dos del que la engendró.

Amelia: ¡Qué cosa más grande!

Martirio: Es preferible no ver a un hombre nunca. Desde niña les tuve miedo. Los veía en el corral uncir los bueyes y levantar los costales de trigo entre voces y zapatazos, y siempre tuve miedo de crecer por temor de encontrarme de pronto abrazada por ellos. Dios me ha hecho débil y fea y los ha apartado definitivamente de mí.

Amelia: ¡Eso no digas! Enrique Humanes estuvo detrás de ti y le gustabas.

Martirio: ¡Invenciones de la gente! Una vez estuve en camisa detrás de la ventana hasta que fue de día, porque me avisó con la hija de su gañán que iba a venir, y no vino. Fue todo cosa de lenguas. Luego se casó con otra que tenía más que yo.

Amelia: ¡Y fea como un demonio!

Martirio: ¡Qué les importa a ellos la fealdad! A ellos les importa la tierra, las yuntas y una perra sumisa que les dé de comer.

Amelia: ¡Ay! *(Entra Magdalena.)*

Magdalena: ¿Qué hacéis?

Martirio: Aquí.

Amelia: ¿Y tú?

Magdalena: Vengo de correr las cámaras. Por andar un poco. De ver los cuadros bordados en cañamazo de nuestra abuela, el perrito de lanas y el negro luchando con el león, que tanto nos gustaba de niñas. Aquélla era una época más alegre. Una boda duraba diez días y no se usaban las malas lenguas. Hoy hay más finura. Las novias se ponen velo blanco como en las poblaciones, y se bebe vino de botella, pero nos pudrimos por el qué dirán.

Martirio: ¡Sabe Dios lo que entonces pasaría!

Amelia: *(A Magdalena.)* Llevas desabrochados los cordones de un zapato.

Magdalena: ¡Qué más da!

Amelia: ¡Te los vas a pisar y te vas a caer!

Magdalena: ¡Una menos!

Martirio: ¿Y Adela?

Magdalena: ¡Ah! Se ha puesto el traje verde que se hizo para estrenar el día de su cumpleaños, se ha ido al corral y ha comenzado a voces: "¡Gallinas, gallinas, miradme!" ¡Me he tenido que reír!

Amelia: ¡Si la hubiera visto madre!

Magdalena: ¡Pobrecilla! Es la más joven de nosotras y tiene ilusión. ¡Daría algo por verla feliz! *(Pausa. Angustias cruza la escena con unas toallas en la mano.)*

Angustias: ¿Qué hora es?

Magdalena: Ya deben ser las doce.

Angustias: ¿Tanto?

Amelia: ¡Estarán al caer! *(Sale Angustias.)*

Magdalena: *(Con intención.)* ¿Sabéis ya la cosa...? *(Señalando a Angustias.)*

Amelia: No.

Magdalena: ¡Vamos!

Martirio: ¡No sé a qué cosa te refieres...!

Magdalena: Mejor que yo lo sabéis las dos. Siempre cabeza con cabeza como dos ovejitas, pero sin desahogaros con nadie. ¡Lo de Pepe el Romano!

Martirio: ¡Ah!

Magdalena: *(Remedándola.)* ¡Ah! Ya se comenta por el pueblo. Pepe el Romano viene a casarse con Angustias. Anoche estuvo rondando la casa y creo que pronto va a mandar un emisario.

Martirio: ¡Yo me alegro! Es buen hombre.

Amelia: Yo también. Angustias tiene buenas condiciones.

Magdalena: Ninguna de las dos os alegráis.

Martirio: ¡Magdalena! ¡Mujer!

Magdalena: Si viniera por el tipo de Angustias, por Angustias como mujer, yo me alegraría, pero viene por el dinero. Aunque Angustias es nuestra hermana aquí estamos en familia y reconocemos que está vieja, enfermiza, y que siempre ha sido la que ha tenido menos méritos de todas nosotras, porque si con veinte años parecía un palo vestido, ¡qué será ahora que tiene cuarenta!

Martirio: No hables así. La suerte viene a quien menos la aguarda.

Amelia: ¡Después de todo dice la verdad! Angustias tiene el dinero de su padre, es la única rica de la casa y por eso ahora, que nuestro padre ha muerto y ya se harán particiones, vienen por ella!

Magdalena: Pepe el Romano tiene veinticinco años y es el mejor tipo de todos estos contornos. Lo natural sería que te pretendiera a ti, Amelia, o a nuestra Adela, que tiene veinte años, pero no que venga a buscar lo más oscuro de esta casa, a una mujer que, como su padre habla con la nariz.

Martirio: ¡Puede que a él le guste!

Magdalena: ¡Nunca he podido resistir tu hipocresía!

Martirio: ¡Dios nos valga! *(Entra Adela.)*

Magdalena: ¿Te han visto ya las gallinas?

Adela: ¿Y qué querías que hiciera?

Amelia: ¡Si te ve nuestra madre te arrastra del pelo!

Adela: Tenía mucha ilusión con el vestido. Pensaba ponérmelo el día que vamos a comer sandías a la noria. No hubiera habido otro igual.

Martirio: ¡Es un vestido precioso!

Adela: Y me está muy bien. Es lo que mejor ha cortado Magdalena.

Magdalena: ¿Y las gallinas qué te han dicho?

Adela: Regalarme unas cuantas pulgas que me han acribillado las piernas. *(Ríen)*

Martirio: Lo que puedes hacer es teñirlo de negro.

Magdalena: Lo mejor que puedes hacer es regalárselo a Angustias para la boda con Pepe el Romano.

Adela: *(Con emoción contenida.)* ¡Pero Pepe el Romano...!

Amelia: ¿No lo has oído decir?

Adela: No.

Magdalena: ¡Pues ya lo sabes!

Adela: ¡Pero si no puede ser!

Magdalena: ¡El dinero lo puede todo!

Adela: ¿Por eso ha salido detrás del duelo y estuvo mirando por el portón? *(Pausa)* Y ese hombre es capaz de...

Magdalena: Es capaz de todo. *(Pausa)*

Martirio: ¿Qué piensas, Adela?

Adela: Pienso que este luto me ha cogido en la peor época de mi vida para pasarlo.

Magdalena: Ya te acostumbrarás.

Adela: *(Rompiendo a llorar con ira)* ¡No, no me acostumbraré! Yo no quiero estar encerrada. No quiero que se me pongan las carnes como a vosotras. ¡No quiero perder mi blancura en estas habitaciones! ¡Mañana me pondré mi vestido verde y me echaré a pasear por la calle! ¡Yo quiero salir! *(Entra la Criada.)*

Magdalena: *(Autoritaria.)* ¡Adela!

Criada: ¡La pobre! ¡Cuánto ha sentido a su padre! *(Sale)*

Martirio: ¡Calla!

Amelia: Lo que sea de una será de todas. *(Adela se calma.)*

Magdalena: Ha estado a punto de oírte la criada.

Criada: *(Apareciendo.)* Pepe el Romano viene por lo alto de la calle. *(Amelia, Martirio y Magdalena corren presurosas.)*

Magdalena: ¡Vamos a verlo! *(Salen rápidas.)*

Criada: *(A Adela.)* ¿Tú no vas?

Adela: No me importa.

Criada: Como dará la vuelta a la esquina, desde la ventana de tu cuarto se verá mejor. *(Sale la Criada.)*

(Adela queda en escena dudando. Después de un instante se va también rápida hacia su habitación. Salen Bernarda y la Poncia.)

Bernarda: ¡Malditas particiones!

La Poncia: ¡Cuánto dinero le queda a Angustias!

Bernarda: Sí.

La Poncia: Y a las otras, bastante menos.

Bernarda: Ya me lo has dicho tres veces y no te he querido replicar. Bastante menos, mucho menos. No me lo recuerdes más. *(Sale Angustias muy compuesta de cara.)*

Bernarda: ¡Angustias!

Angustias: Madre.

Bernarda: ¿Pero has tenido valor de echarte polvos en la cara? ¿Has tenido valor de lavarte la cara el día de la misa de tu padre?

Angustias: No era mi padre. El mío murió hace tiempo. ¿Es que ya no lo recuerda usted?

Bernarda: ¡Más debes a este hombre, padre de tus hermanas, que al tuyo! Gracias a este hombre tienes colmada tu fortuna.

Angustias: ¡Eso lo teníamos que ver!

Bernarda: ¡Aunque fuera por decencia! ¡Por respeto!

Angustias: Madre, déjeme usted salir.

Bernarda: ¿Salir? Después que te hayas quitado esos polvos de la cara. ¡Suavona! ¡Yeyo! ¡Espejo de tus tías! *(Le quita violentamente con su pañuelo los polvos)* ¡Ahora vete!

La Poncia: ¡Bernarda, no seas tan inquisitiva!

Bernarda: Aunque mi madre esté loca yo estoy con mis cinco sentidos y sé perfectamente lo que hago. *(Entran todas.)*

Magdalena: ¿Qué pasa?

Bernarda: No pasa nada.

Magdalena: *(A Angustias.)* Si es que discutís por las particiones, tú, que eres la más rica, te puedes quedar con todo.

Angustias: ¡Guárdate la lengua en la madriguera!

Bernarda: *(Golpeando con el bastón en el suelo.)* ¡No os hagáis ilusiones de que vais a poder conmigo. ¡Hasta que salga de esta casa con los pies adelante mandaré en lo mío y en lo vuestro!

(Se oyen unas voces y entra en escena María Josefa, la madre de Bernarda, viejísima, ataviada con flores en la cabeza y en el pecho.)

María Josefa: Bernarda, ¿dónde está mi mantilla? Nada de lo que tengo quiero que sea para vosotras, ni mis anillos, ni mi traje negro de moaré, porque ninguna de vosotras se va a casar. ¡Ninguna! ¡Bernarda, dame mi gargantilla de perlas!

Bernarda: *(A la Criada.)* ¿Por qué la habéis dejado entrar?

Criada: *(Temblando.)* ¡Se me escapó!

María Josefa: Me escapé porque me quiero casar, porque quiero casarme con un varón hermoso de la orilla del mar, ya que aquí los hombres huyen de las mujeres.

Bernarda: ¡Calle usted, madre!

María Josefa: No, no callo. No quiero ver a estas mujeres solteras, rabiando por la boda, haciéndose polvo el corazón, y yo me quiero ir a mi pueblo. ¡Bernarda, yo quiero un varón para casarme y tener alegría!

Bernarda: ¡Encerradla!

María Josefa: ¡Déjame salir, Bernarda! *(La Criada coge a María Josefa.)*

Bernarda: ¡Ayudarla vosotras! *(Todas arrastran a la vieja.)*

María Josefa: ¡Quiero irme de aquí! ¡Bernarda! ¡A casarme a la orilla del mar, a la orilla del mar!

Telón rápido.

Acto segundo

Habitación blanca del interior de la casa de Bernarda. Las puertas de la izquierda dan a los dormitorios. Las hijas de Bernarda están sentadas en sillas bajas, cosiendo. Magdalena borda. Con ellas está la Poncia.

Angustias: Ya he cortado la tercer sábana.

Martirio: Le corresponde a Amelia.

Magdalena: Angustias, ¿pongo también las iniciales de Pepe?

Angustias: *(Seca.)* No.

Magdalena: *(A voces.)* Adela, ¿no vienes?

Amelia: Estará echada en la cama.

La Poncia: Ésa tiene algo. La encuentro sin sosiego, temblona, asustada, como si tuviera una lagartija entre los pechos.

Martirio: No tiene ni más ni menos que lo que tenemos todas.

Magdalena: Todas, menos Angustias.

Angustias: Yo me encuentro bien, y al que le duela que reviente.

Magdalena: Desde luego hay que reconocer que lo mejor que has tenido siempre ha sido el talle y la delicadeza.

Angustias: Afortunadamente pronto voy a salir de este infierno.

Magdalena: ¡A lo mejor no sales!

Martirio: ¡Dejar esa conversación!

Angustias: Y, además, ¡mas vale onza en el arca que ojos negros en la cara!

Magdalena: Por un oído me entra y por otro me sale.

Amelia: *(A la Poncia.)* Abre la puerta del patio a ver si nos entra un poco el fresco. *(La Poncia lo hace.)*

Martirio: Esta noche pasada no me podía quedar dormida del calor.

Amelia: ¡Yo tampoco!

Magdalena: Yo me levanté a refrescarme. Había un nublo negro de tormenta y hasta cayeron algunas gotas.

La Poncia: Era la una de la madrugada y salía fuego de la tierra. También me levanté yo. Todavía estaba Angustias con Pepe en la ventana.

Magdalena: *(Con ironía.)* ¿Tan tarde? ¿A qué hora se fue?

Angustias: Magdalena, ¿a qué preguntas, si lo viste?

Amelia: Se iría a eso de la una y media.

Angustias: Sí. ¿Tú por qué lo sabes?

Amelia: Lo sentí toser y oí los pasos de su jaca.

La Poncia: ¡Pero si yo lo sentí marchar a eso de las cuatro!

Angustias: ¡No sería él!

La Poncia: ¡Estoy segura!

Amelia: A mí también me pareció...

Magdalena: ¡Qué cosa más rara! *(Pausa.)*

La Poncia: Oye, Angustias, ¿qué fue lo que te dijo la primera vez que se acercó a tu ventana?

Angustias: Nada. ¡Qué me iba a decir? Cosas de conversación.

Martirio: Verdaderamente es raro que dos personas que no se conocen se vean de pronto en una reja y ya novios.

Angustias: Pues a mí no me chocó.

Amelia: A mí me daría no sé qué.

Angustias: No, porque cuando un hombre se acerca a una reja ya sabe por los que van y vienen, llevan y traen, que se le va a decir que sí.

Martirio: Bueno, pero él te lo tendría que decir.

Angustias: ¡Claro!

Amelia: *(Curiosa.)* ¿Y cómo te lo dijo?

Angustias: Pues, nada: "Ya sabes que ando detrás de ti, necesito una mujer buena, modosa, y ésa eres tú, si me das la conformidad."

Amelia: ¡A mí me da vergüenza de estas cosas!

Angustias: Y a mí, ¡pero hay que pasarlas!

La Poncia: ¿Y habló más?

Angustias: Sí, siempre habló él.

Martirio: ¿Y tú?

Angustias: Yo no hubiera podido. Casi se me salía el corazón por la boca. Era la primera vez que estaba sola de noche con un hombre.

Magdalena: Y un hombre tan guapo.

Angustias: No tiene mal tipo.

La Poncia: Esas cosas pasan entre personas ya un poco instruidas, que hablan y dicen y mueven la mano... La primera vez que mi marido Evaristo el Colorín vino a mi ventana... ¡Ja, ja, ja!

Amelia: ¿Qué pasó?

La Poncia: Era muy oscuro. Lo vi acercarse y, al llegar, me dijo: "Buenas noches." "Buenas noches", le dije yo, y nos quedamos callados más de media hora. Me corría el sudor por todo el cuerpo. Entonces Evaristo se acercó, se acercó que se quería meter por los hierros, y dijo con voz muy baja: "¡Ven que te tiente!"

(Ríen todas. Amelia se levanta corriendo y espía por una puerta.)

Amelia: ¡Ay! Creí que llegaba nuestra madre.

Magdalena: ¡Buenas nos hubiera puesto! *(Siguen riendo.)*

Amelia: Chisst... ¡Que nos va a oír!

La Poncia: Luego se portó bien. En vez de darle por otra cosa, le dio por criar colorines hasta que murió. A vosotras, que sois solteras, os conviene saber de todos modos que el hombre a los quince días de boda deja la cama por la mesa, y luego la mesa por la tabernilla. Y la que no se conforma se pudre llorando en un rincón.

Amelia: Tú te conformaste.

La Poncia: ¡Yo pude con él!

Martirio: ¿Es verdad que le pegaste algunas veces?

La Poncia: Sí, y por poco lo dejo tuerto.

Magdalena: ¡Así debían ser todas las mujeres!

La Poncia: Yo tengo la escuela de tu madre. Un día me dijo no sé qué cosa y le maté todos los colorines con la mano del almirez. *(Ríen)*

Magdalena: Adela, niña, no te pierdas esto.

Amelia: Adela. *(Pausa.)*

Magdalena: ¡Voy a ver! *(Entra.)*

La Poncia: ¡Esa niña está mala!

Martirio: Claro, ¡no duerme apenas!

La Poncia: Pues, ¿qué hace?

Martirio: ¡Yo qué sé lo que hace!

La Poncia: Mejor lo sabrás tú que yo, que duermes pared por medio.

Angustias: La envidia la come.

Amelia: No exageres.

Angustias: Se lo noto en los ojos. Se le está poniendo mirar de loca.

Martirio: No habléis de locos. Aquí es el único sitio donde no se puede pronunciar esta palabra. *(Sale Magdalena con Adela.)*

Magdalena: Pues, ¿no estabas dormida?

Adela: Tengo mal cuerpo.

Martirio: *(Con intención.)* ¿Es que no has dormido bien esta noche?

Adela: Sí.

Martirio: ¿Entonces?

Adela: *(Fuerte.)* ¡Déjame ya! ¡Durmiendo o velando, no tienes por qué meterte en lo mío! ¡Yo hago con mi cuerpo lo que me parece!

Martirio: ¡Sólo es interés por ti!

Adela: Interés o inquisición. ¿No estabais cosiendo? Pues seguir. ¡Quisiera ser invisible, pasar por las habitaciones sin que me preguntarais dónde voy!

Criada: *(Entra.)* Bernarda os llama. Está el hombre de los encajes. *(Salen.)*

(Al salir, Martirio mira fijamente a Adela.)

Adela: ¡No me mires más! Si quieres te daré mis ojos, que son frescos, y mis espaldas, para que te compongas la joroba que tienes, pero vuelve la cabeza cuando yo pase.

(Se va Martirio.)

La Poncia: ¡Adela, que es tu hermana, y además la que más te quiere!

Adela: Me sigue a todos lados. A veces se asoma a mi cuarto para ver si duermo. No me deja respirar. Y siempre: "¡Qué lástima de cara! ¡Qué lástima de cuerpo, que no va a ser para nadie!" ¡Y eso no! Mi cuerpo será de quien yo quiera!

La Poncia: *(Con intención y en voz baja.)* De Pepe el Romano, ¿no es eso?

Adela: *(Sobrecogida.)* ¿Qué dices?

La Poncia: ¡Lo que digo, Adela!

Adela: ¡Calla!

La Poncia: *(Alto.)* ¿Crees que no me he fijado?

Adela: ¡Baja la voz!

La Poncia: ¡Mata esos pensamientos!
Adela: ¿Qué sabes tú?
La Poncia: Las viejas vemos a través de las paredes. ¿Dónde vas de noche cuando te levantas?
Adela: ¡Ciega debías estar!
La Poncia: Con la cabeza y las manos llenas de ojos cuando se trata de lo que se trata. Por mucho que pienso no sé lo que te propones. ¿Por qué te pusiste casi desnuda con la luz encendida y la ventana abierta al pasar Pepe el segundo día que vino a hablar con tu hermana?
Adela: ¡Eso no es verdad!
La Poncia: ¡No seas como los niños chicos! Deja en paz a tu hermana y si Pepe el Romano te gusta te aguantas. *(Adela llora.)* Además, ¿quién dice que no te puedas casar con él? Tu hermana Angustias es una enferma. Ésa no resiste el primer parto. Es estrecha de cintura, vieja, y con mi conocimiento te digo que se morirá. Entonces Pepe hará lo que hacen todos los viudos de esta tierra: se casará con la más joven, la más hermosa, y ésa eres tú. Alimenta esa esperanza, olvídalo. Lo que quieras, pero no vayas contra la ley de Dios.
Adela: ¡Calla!
La Poncia: ¡No callo!
Adela: Métete en tus cosas, ¡oledora! ¡pérfida!
La Poncia: ¡Sombra tuya he de ser!
Adela: En vez de limpiar la casa y acostarte para rezar a tus muertos, buscas como una vieja ma-

rrana asuntos de hombres y mujeres para babosear en ellos.

La Poncia: ¡Velo! Para que las gentes no escupan al pasar por esta puerta.

Adela: ¡Qué cariño tan grande te ha entrado de pronto por mi hermana!

La Poncia: No os tengo ley a ninguna, pero quiero vivir en casa decente. ¡No quiero mancharme de vieja!

Adela: Es inútil tu consejo. Ya es tarde. No por encima de ti, que eres una criada, por encima de mi madre saltaría para apagarme este fuego que tengo levantado por piernas y boca. ¿ Qué puedes decir de mí? Que me encierro en mi cuarto y no abro la puerta? ¿Que no duermo? ¡Soy más lista que tú! Mira a ver si puedes agarrar la liebre con tus manos.

La Poncia: No me desafíes. ¡Adela, no me desafíes! Porque yo puedo dar voces, encender luces y hacer que toquen las campanas.

Adela: Trae cuatro mil bengalas amarillas y ponlas en las bardas del corral. Nadie podrá evitar que suceda lo que tiene que suceder.

La Poncia: ¡Tanto te gusta ese hombre!

Adela: ¡Tanto! Mirando sus ojos me parece que bebo su sangre lentamente.

La Poncia: Yo no te puedo oír.

Adela: ¡Pues me oirás! Te he tenido miedo. ¡Pero ya soy más fuerte que tú!

(Entra Angustias.)

Angustias: ¡Siempre discutiendo!
La Poncia: Claro, se empeña en que, con el calor que hace, vaya a traerle no sé qué cosa de la tienda.
Angustias: ¿Me compraste el bote de esencia?
La Poncia: El más caro. Y los polvos. En la mesa de tu cuarto los he puesto.

(Sale Angustias.)

Adela: ¡Y chitón!
La Poncia: ¡Lo veremos!

(Entran Martirio, Amelia y Magdalena)

Magdalena: *(A Adela)* ¿Has visto los encajes?
Amelia: Los de Angustias para sus sábanas de novia son preciosos.
Adela: *(A Martirio, que trae unos encajes)* ¿Y éstos?
Martirio: Son para mí. Para una camisa.
Adela: *(Con sarcasmo.)* ¡Se necesita buen humor!
Martirio: *(Con intención)* Para verlos yo. No necesito lucirme ante nadie.
La Poncia: Nadie la ve a una en camisa.
Martirio: *(Con intención y mirando a Adela.)* ¡A veces! Pero me encanta la ropa interior. Si fuera rica la tendría de holanda. Es uno de los pocos gustos que me quedan.

La Poncia: Estos encajes son preciosos para las gorras de niño, para mantehuelos de cristianar. Yo nunca pude usarlos en los míos. A ver si ahora Angustias los usa en los suyos. Como le dé por tener crías vais a estar cosiendo mañana y tarde.

Magdalena: Yo no pienso dar una puntada.

Amelia: Y mucho menos cuidar niños ajenos. Mira tú cómo están las vecinas del callejón, sacrificadas por cuatro monigotes.

La Poncia: Ésas están mejor que vosotras. ¡Siquiera allí se ríe y se oyen porrazos!

Martirio: Pues vete a servir con ellas.

La Poncia: No. ¡Ya me ha tocado en suerte este convento!

(Se oyen unos campanillos lejanos, como a través de varios muros.)

Magdalena: Son los hombres que vuelven al trabajo.

La Poncia: Hace un minuto dieron las tres.

Martirio: ¡Con este sol!

Adela: *(Sentándose)* ¡Ay, quién pudiera salir también a los campos!

Magdalena: *(Sentándose)* ¡Cada clase tiene que hacer lo suyo!

Martirio: *(Sentándose)* ¡Así es!

Amelia: *(Sentándose)* ¡Ay!

La Poncia: No hay alegría como la de los campos en esta época. Ayer de mañana llegaron los segadores. Cuarenta o cincuenta buenos mozos.

Magdalena: ¿De dónde son este año?

La Poncia: De muy lejos. Vinieron de los montes. ¡Alegres! ¡Como árboles quemados! ¡Dando voces y arrojando piedras! Anoche llegó al pueblo una mujer vestida de lentejuelas y que bailaba con un acordeón, y quince de ellos la contrataron para llevársela al olivar. Yo los vi de lejos. El que la contrataba era un muchacho de ojos verdes, apretado como una gavilla de trigo.

Amelia: ¿Es eso cierto?

Adela: ¡Pero es posible!

La Poncia: Hace años vino otra de éstas y yo misma di dinero a mi hijo mayor para que fuera. Los hombres necesitan estas cosas.

Adela: Se les perdona todo.

Amelia: Nacer mujer es el mayor castigo.

Magdalena: Y ni nuestros ojos siquiera nos pertenecen.

(Se oye un canto lejano que se va acercando.)

La Poncia: Son ellos. Traen unos cantos preciosos.

Amelia: Ahora salen a segar.

Coro: Ya salen los segadores
en busca de las espigas;
se llevan los corazones
de las muchachas que miran.

(Se oyen panderos y carrañacas. Pausa. Todas oyen en un silencio traspasado por el sol.)

Amelia: ¡Y no les importa el calor!

Martirio: Siegan entre llamaradas.

Adela: Me gustaría segar para ir y venir. Así se olvida lo que nos muerde.

Martirio: ¿Qué tienes tú que olvidar?

Adela: Cada una sabe sus cosas.

Martirio: *(Profunda.)* ¡Cada una!

La Poncia: ¡Callar! ¡Callar!

Coro: *(Muy lejano.)*

Abrir puertas y ventanas
las que vivís en el pueblo;
el segador pide rosas
para adornar su sombrero.

La Poncia: ¡Qué canto!

Martirio: *(Con nostalgia.)* Abrir puertas y ventanas
las que vivís en el pueblo...

Adela: *(Con pasión.)*

... el segador pide rosas
para adornar su sombrero.
(Se va alejando el cantar.)

La Poncia: Ahora dan la vuelta a la esquina.

Adela: Vamos a verlos por la ventana de mi cuarto.

La Poncia: Tened cuidado con no entreabrirla mucho, porque son capaces de dar un empujón para ver quién mira.

(Se van las tres. Martirio queda sentada en la silla baja con la cabeza entre las manos.)

Amelia: *(Acercándose.)* ¿Qué te pasa?

Martirio: Me sienta mal el calor.

Amelia: ¿No es más que eso?

Martirio: Estoy deseando que llegue noviembre, los días de lluvia, la escarcha; todo lo que no sea este verano interminable.

Amelia: Ya pasará y volverá otra vez.

Martirio: ¡Claro! *(Pausa.)* ¿A qué hora te dormiste anoche?

Amelia: No sé. Yo duermo como un tronco. ¿Por qué?

Martirio: Por nada, pero me pareció oír gente en el corral.

Amelia: ¿Sí?

Martirio: Muy tarde.

Amelia: ¿Y no tuviste miedo?

Martirio: No. Ya lo he oído otras noches.

Amelia: Debíamos tener cuidado. ¿No serían los gañanes?

Martirio: Los gañanes llegan a las seis.

Amelia: Quizá una mulilla sin desbravar.

Martirio: *(Entre dientes y llena de segunda intención.)* ¡Eso, eso!, una mulilla sin desbravar.

Amelia: ¡Hay que prevenir!

Martirio: ¡No, no! No digas nada. Puede ser un barrunto mío.

Amelia: Quizá. *(Pausa. Amelia inicia el mutis.)*

Martirio: Amelia.

Amelia: *(En la puerta.)* ¿Qué? *(Pausa.)*

Martirio: Nada. *(Pausa.)*

Amelia: ¿Por qué me llamaste? *(Pausa)*

Martirio: Se me escapó. Fue sin darme cuenta. *(Pausa)*

Amelia: Acuéstate un poco.

Angustias: *(Entrando furiosa en escena, de modo que haya un gran contraste con los silencios anteriores.)* ¿Dónde está el retrato de Pepe que tenía yo debajo de mi almohada? ¿Quién de vosotras lo tiene?

Martirio: Ninguna.

Amelia: Ni que Pepe fuera un San Bartolomé de plata.

Angustias: ¿Dónde está el retrato?

(Entran La Poncia, Magdalena y Adela.)

Adela: ¿Qué retrato?

Angustias: Una de vosotras me lo ha escondido.

Magdalena: ¿Tienes la desvergüenza de decir esto?

Angustias: Estaba en mi cuarto y no está.

Martirio: ¿Y no se habrá escapado a medianoche al corral? A Pepe le gusta andar con la luna.

Angustias: ¡No me gastes bromas! Cuando venga se lo contaré.

La Poncia: ¡Eso, no! ¡Porque aparecerá! *(Mirando Adela.)*

Angustias: ¡Me gustaría saber cuál de vosotras lo tiene!

Adela: *(Mirando a Martirio.)* ¡Alguna! ¡Todas, menos yo!

Martirio: *(Con intención.)* ¡Desde luego!

Bernarda: (Entrando con su bastón.) ¿Qué escándalo es éste en mi casa y con el silencio del peso del calor? Estarán las vecinas con el oído pegado a los tabiques.

Angustias: Me han quitado el retrato de mi novio.

Bernarda: *(Fiera.)* ¿Quién? ¿Quién?

Angustias: ¡Éstas!

Bernarda: ¿Cuál de vosotras? *(Silencio.)* ¡Contestarme! *(Silencio. A Poncia.)* Registra los cuartos, mira por las camas. Esto tiene no ataros más cortas. ¡Pero me vais a soñar! *(A Angustias.)* ¿Estás segura?

Angustias: Sí.

Bernarda: ¿Lo has buscado bien?

Angustias: Sí, madre.

(Todas están en medio de un embarazoso silencio.)

Bernarda: Me hacéis al final de mi vida beber el veneno más amargo que una madre puede resistir. *(A Poncia.)* ¿No lo encuentras?

La Poncia: *(Saliendo.)* Aquí está.

Bernarda: ¿Dónde lo has encontrado?

La Poncia: Estaba...

Bernarda: Dilo sin temor.

La Poncia: *(Extrañada.)* Entre las sábanas de la cama de Martirio.

Bernarda: *(A Martirio.)* ¿Es verdad?

Martirio: ¡Es verdad!

Bernarda: *(Avanzando y golpeándola con el bastón.)* ¡Mala puñalada te den, mosca muerta! ¡Sembradura de vidrios!

Martirio: *(Fiera.)* ¡No me pegue usted, madre!

Bernarda: ¡Todo lo que quiera!

Martirio: ¡Si yo la dejo! ¿Lo oye? ¡Retírese usted!

La Poncia: No faltes a tu madre.

Angustias: *(Cogiendo a Bernarda.)* Déjela. ¡Por favor!

Bernarda: Ni lágrimas te quedan en esos ojos.

Martirio: No voy a llorar para darle gusto.

Bernarda: ¿Por qué has cogido el retrato?

Martirio: ¿Es que yo no puedo gastar una broma a mi hermana? ¿Para qué otra cosa lo iba a querer?

Adela: *(Saltando llena de celos.)* No ha sido broma, que tú no has gustado nunca de juegos. Ha sido otra cosa que te reventaba el pecho por querer salir. Dilo ya claramente.

Martirio: ¡Calla y no me hagas hablar, que si hablo se van a juntar las paredes unas con otras de vergüenza!

Adela: ¡La mala lengua no tiene fin para inventar!

Bernarda: ¡Adela!

Magdalena: Estáis locas.

Amelia: Y nos apedreáis con malos pensamientos.

Martirio: Otras hacen cosas más malas.

Adela: Hasta que se pongan en cueros de una vez y se las lleve el río.

Bernarda: ¡Perversa!

Angustias: Yo no tengo la culpa de que Pepe el Romano se haya fijado en mí.

Adela: ¡Por tus dineros!

Angustias: ¡Madre!

Bernarda: ¡Silencio!

Martirio: Por tus marjales y tus arboledas.

Magdalena: ¡Eso es lo justo!

Bernarda: ¡Silencio digo! Yo veía la tormenta venir, pero no creía que estallara tan pronto. ¡Ay, qué pedrisco de odio habéis echado sobre mi corazón! Pero todavía no soy anciana y tengo cinco cadenas para vosotras y esta casa levantada por mi padre para que ni las hierbas se enteren de mi desolación. ¡Fuera de aquí! *(Salen. Bernarda se sienta desolada. La Poncia está de pie arrimada a los muros. Bernarda reacciona, da un golpe en el suelo y dice:)* ¡Tendré que sentarles la mano! Bernarda, ¡acuérdate que ésta es tu obligación!

La Poncia: ¿Puedo hablar?

Bernarda: Habla. Siento que hayas oído. Nunca está bien una extraña en el centro de la familia.

La Poncia: Lo visto, visto está.

Bernarda: Angustias tiene que casarse en seguida.

La Poncia: Hay que retirarla de aquí.

Bernarda: No a ella. ¡A él!

La Poncia: ¡Claro, a él hay que alejarlo de aquí! Piensas bien.

Bernarda: No pienso. Hay cosas que no se pueden ni se deben pensar. Yo ordeno.

La Poncia: ¿Y tú crees que él querrá marcharse?

Bernarda: *(Levantándose.)* ¿Qué imagina tu cabeza?

La Poncia: Él, claro, ¡se casará con Angustias!

Bernarda: Habla. Te conozco demasiado para saber que ya me tienes preparada la cuchilla.

La Poncia: Nunca pensé que se llamara asesinato al aviso.

Bernarda: ¿Me tienes que prevenir algo?

La Poncia: Yo no acuso, Bernarda. Yo sólo te digo: abre los ojos y verás.

Bernarda: ¿Y verás qué?

La Poncia: Siempre has sido lista. Has visto lo malo de las gentes a cien leguas. Muchas veces creí que adivinabas los pensamientos. Pero los hijos son los hijos. Ahora estás ciega.

Bernarda: ¿Te refieres a Martirio?

La Poncia: Bueno, a Martirio... *(Con curiosidad.)* ¿Por qué habrá escondido el retrato?

Bernarda: *(Queriendo ocultar a su hija.)* Después de todo ella dice que ha sido una broma. ¿Qué otra cosa puede ser?

La Poncia: *(Con sorna.)* ¿Tú lo crees así?

Bernarda: *(Enérgica.)* No lo creo. ¡Es así!

La Poncia: Basta. Se trata de lo tuyo. Pero si fuera la vecina de enfrente, ¿qué sería?

Bernarda: Ya empiezas a sacar la punta del cuchillo.

La Poncia: *(Siempre con crueldad.)* No, Bernarda,

aquí pasa una cosa muy grande. Yo no te quiero echar la culpa, pero tú no has dejado a tus hijas libres. Martirio es enamoradiza, digas lo que tú quieras. ¿Por qué no la dejaste casar con Enrique Humanes? ¿Por qué el mismo día que iba a venir a la ventana le mandaste recado que no viniera?

Bernarda: *(Fuerte.)* ¡Y lo haría mil veces! Mi sangre no se junta con la de los Humanes mientras yo viva! Su padre fue gañán.

La Poncia: ¡Y así te va a ti con esos humos!

Bernarda: Los tengo porque puedo tenerlos. Y tú no los tienes porque sabes muy bien cuál es tu origen.

La Poncia: *(Con odio.)* ¡No me lo recuerdes! Estoy ya vieja, siempre agradecí tu protección.

Bernarda: *(Crecida.)* ¡No lo parece!

La Poncia: *(Con odio envuelto en suavidad.)* A Martirio se le olvidará esto.

Bernarda: Y si no lo olvida peor para ella. No creo que ésta sea la «cosa muy grande» que aquí pasa. Aquí no pasa nada. ¡Eso quisieras tú! Y si pasara algún día estáte segura que no traspasaría las paredes.

La Poncia: ¡Eso no lo sé yo! En el pueblo hay gentes que leen también de lejos los pensamientos escondidos.

Bernarda: ¡Cómo gozarías de vernos a mí y a mis hijas camino del lupanar!

La Poncia: ¡Nadie puede conocer su fin!

Bernarda: ¡Yo sí sé mi fin! ¡Y el de mis hijas! El lupanar se queda para alguna mujer ya difunta...

La Poncia: *(Fiera.)* ¡Bernarda! ¡Respeta la memoria de mi madre!

Bernarda: ¡No me persigas tú con tus malos pensamientos! *(Pausa.)*

La Poncia: Mejor será que no me meta en nada.

Bernarda: Eso es lo que debías hacer. Obrar y callar a todo. Es la obligación de los que viven a sueldo.

La Poncia: Pero no se puede. ¿A ti no te parece que Pepe estaría mejor casado con Martirio o... ¡sí!, con Adela?

Bernarda: No me parece.

La Poncia: *(Con intención.)* Adela. ¡Ésa es la verdadera novia del Romano!

Bernarda: Las cosas no son nunca a gusto nuestro.

La Poncia: Pero les cuesta mucho trabajo desviarse de la verdadera inclinación. A mí me parece mal que Pepe esté con Angustias, y a las gentes, y hasta al aire. ¡Quién sabe si se saldrán con la suya!

Bernarda: ¡Ya estamos otra vez!... Te deslizas para llenarme de malos sueños. Y no quiero entenderte, porque si llegara al alcance de todo lo que dices te tendría que arañar.

La Poncia: ¡No llegará la sangre al río!

Bernarda: ¡Afortunadamente mis hijas me respetan y jamás torcieron mi voluntad!

La Poncia: ¡Eso sí! Pero en cuanto las dejes sueltas se te subirán al tejado.

Bernarda: ¡Ya las bajaré tirándoles cantos!

La Poncia: ¡Desde luego eres la más valiente!

Bernarda: ¡Siempre gasté sabrosa pimienta!

La Poncia: ¡Pero lo que son las cosas! A su edad. ¡Hay que ver el entusiasmo de Angustias con su novio! ¡Y él también parece muy picado! Ayer me contó mi hijo mayor que a las cuatro y media de la madrugada, que pasó por la calle con la yunta, estaban hablando todavía.

Bernarda: ¡A las cuatro y media!

Angustias: *(Saliendo.)* ¡Mentira!

La Poncia: Eso me contaron.

Bernarda: *(A Angustias.)* ¡Habla!

Angustias: Pepe lleva más de una semana marchándose a la una. Que Dios me mate si miento.

Martirio: *(Saliendo.)* Yo también lo sentí marcharse a las cuatro.

Bernarda: Pero, ¿lo viste con tus ojos?

Martirio: No quise asomarme. ¿No habláis ahora por la ventana del callejón?

Angustias: Yo hablo por la ventana de mi dormitorio. *(Aparece Adela en la puerta.)*

Martirio: Entonces...

Bernarda: ¿Qué es lo que pasa aquí?

La Poncia: ¡Cuida de enterarte! Pero, desde luego, Pepe estaba a las cuatro de la madrugada en una reja de tu casa.

Bernarda: ¿Lo sabes seguro?

La Poncia: Seguro no se sabe nada en esta vida.

Adela: Madre, no oiga usted a quien nos quiere perder a todas.

Bernarda: ¡Yo sabré enterarme! Si las gentes del pueblo quieren levantar falsos testimonios se encontrarán con mi pedernal. No se hable de este asunto. Hay a veces una ola de fango que levantan los demás para perdernos.

Martirio: A mí no me gusta mentir.

La Poncia: Y algo habrá.

Bernarda: No habrá nada. Nací para tener los ojos abiertos. Ahora vigilaré sin cerrarlos ya hasta que me muera.

Angustias: Yo tengo derecho de enterarme.

Bernarda: Tú no tienes derecho más que a obedecer. Nadie me traiga ni me lleve. *(A la Poncia.)* Y tú te metes en los asuntos de tu casa. ¡Aquí no se vuelve a dar un paso que yo no sienta!

Criada: *(Entrando.)* ¡En lo alto de la calle hay un gran gentío y todos los vecinos están en sus puertas!

Bernarda: *(A Poncia.)* ¡Corre a enterarte de lo que pasa! *(Las mujeres corren para salir.)* ¿Dónde vais? Siempre os supe mujeres ventaneras y rompedoras de su luto. ¡Vosotras al patio!

(Salen y sale Bernarda. Se oyen rumores lejanos. Entran Martirio y Adela, que se quedan escuchan-

do y sin atreverse a dar un paso más de la puerta de salida.)

Martirio: Agradece a la casualidad que no desaté mi lengua.

Adela: También hubiera hablado yo.

Martirio: ¿Y qué ibas a decir? ¡Querer no es hacer!

Adela: Hace la que puede y la que se adelanta. Tú querías, pero no has podido.

Martirio: No seguirás mucho tiempo.

Adela: ¡Lo tendré todo!

Martirio: Yo romperé tus abrazos.

Adela: *(Suplicante.)* ¡Martirio, déjame!

Martirio: ¡De ninguna!

Adela: ¡Él me quiere para su casa!

Martirio: ¡He visto cómo te abrazaba!

Adela: Yo no quería. He ido como arrastrada por una maroma.

Martirio: ¡Primero muerta!

(Se asoman Magdalena y Angustias. Se siente crecer el tumulto.)

La Poncia: *(Entrando con Bernarda.)* ¡Bernarda!

Bernarda: ¿Qué ocurre?

La Poncia: La hija de la Librada, la soltera, tuvo un hijo no se sabe con quién.

Adela: ¿Un hijo?

La Poncia: Y para ocultar su vergüenza lo mató y lo metió debajo de unas piedras; pero unos perros, con más corazón que muchas criaturas, lo sacaron y como llevados por la mano de Dios lo han puesto en el tranco de su puerta. Ahora la quieren matar. La traen arrastrando por la calle abajo, y por las trochas y los terrenos del olivar vienen los hombres corriendo, dando unas voces que estremecen los campos.

Bernarda: Sí, que vengan todos con varas de olivo y mangos de azadones, que vengan todos para matarla.

Adela: ¡No, no, para matarla no!

Martirio: Sí, y vamos a salir también nosotras.

Bernarda: Y que pague la que pisotea su decencia.

(Fuera su oye un grito de mujer y un gran rumor.)

Adela: ¡Que la dejen escapar! ¡No salgáis vosotras!

Martirio: *(Mirando a Adela.)* ¡Que pague lo que debe!

Bernarda: *(Bajo el arco.)* ¡Acabar con ella antes que lleguen los guardias! ¡Carbón ardiendo en el sitio de su pecado!

Adela: *(Cogiéndose el vientre.)* ¡No! ¡No!

Bernarda: ¡Matadla! ¡Matadla!

Telón rápido.

Acto tercero

Cuatro paredes blancas ligeramente azuladas del patio interior de la casa de Bernarda. Es de noche. El decorado ha de ser de una perfecta simplicidad. Las puertas, iluminadas por la luz de los interiores, dan un tenue fulgor a la escena. En el centro, una mesa con un quinqué, donde están comiendo Bernarda y sus hijas. La Poncia las sirve. Prudencia está sentada aparte.

(Al levantarse el telón hay un gran silencio, interrumpido por el ruido de platos y cubiertos.)

Prudencia: Ya me voy. Os he hecho una visita larga. *(Se levanta.)*
Bernarda: Espérate, mujer. No nos vemos nunca.
Prudencia: ¿Han dado el último toque para el rosario?
La Poncia: Todavía no.

(Prudencia se sienta.)

Bernarda: ¿Y tu marido cómo sigue?
Prudencia: Igual.
Bernarda: Tampoco lo vemos.
Prudencia: Ya sabes sus costumbres. Desde que se peleó con sus hermanos por la herencia no ha salido por la puerta de la calle. Pone una escalera y salta las tapias del corral.

Bernarda: Es un verdadero hombre. ¿Y con tu hija...?
Prudencia: No la ha perdonado.
Bernarda: Hace bien.
Prudencia: No sé qué te diga. Yo sufro por esto.
Bernarda: Una hija que desobedece deja de ser hija para convertirse en una enemiga.
Prudencia: Yo dejo que el agua corra. No me queda más consuelo que refugiarme en la iglesia, pero como me estoy quedando sin vista tendré que dejar de venir para que no jueguen con una los chiquillos. *(Se oye un gran golpe, como dado en los muros.)* ¿Qué es eso?
Bernarda: El caballo garañón, que está encerrado y da coces contra el muro. *(A voces.)* ¡Trabadlo y que salga al corral! *(En voz baja.)* Debe tener calor.
Prudencia: ¿Vais a echarle las potras nuevas?
Bernarda: Al amanecer.
Prudencia: Has sabido acrecentar tu ganado.
Bernarda: A fuerza de dinero y sinsabores.
La Poncia: *(Interviniendo.)* ¡Pero tiene la mejor manada de estos contornos! Es una lástima que esté bajo de precio.
Bernarda: ¿Quieres un poco de queso y miel?
Prudencia: Estoy desganada.

(Se oye otra vez el golpe.)

La Poncia: ¡Por Dios!
Prudencia: ¡Me ha retemblado dentro del pecho!

Bernarda: *(Levantándose furiosa)* ¿Hay que decir las cosas dos veces? ¡Echadlo que se revuelque en los montones de paja! *(Pausa, y como hablando con los gañanes.)* Pues encerrad las potras en la cuadra, pero dejadlo libre, no sea que nos eche abajo las paredes. *(Se dirige a la mesa y se sienta otra vez.)* ¡Ay, qué vida!

Prudencia: Bregando como un hombre.

Bernarda: Así es. *(Adela se levanta de la mesa.)* ¿Dónde vas?

Adela: A beber agua.

Bernarda: *(En alta voz.)* Trae un jarro de agua fresca. *(A Adela.)* Puedes sentarte. *(Adela se sienta.)*

Prudencia: Y Angustias, ¿cuándo se casa?

Bernarda: Vienen a pedirla dentro de tres días.

Prudencia: ¡Estarás contenta!

Angustias: ¡Claro!

Amelia: *(A Magdalena.)* ¡Ya has derramado la sal!

Magdalena: Peor suerte que tienes no vas a tener.

Amelia: Siempre trae mala sombra.

Bernarda: ¡Vamos!

Prudencia: *(A Angustias.)* ¿Te ha regalado ya el anillo?

Angustias: Mírelo usted. *(Se lo alarga.)*

Prudencia: Es precioso. Tres perlas. En mi tiempo las perlas significaban lágrimas..

Angustias: Pero y a las cosas han cambiado.

Adela: Yo creo que no. Las cosas significan siempre lo mismo. Los anillos de pedida deben ser de diamantes.

Prudencia: Es más propio.

Bernarda: Con perlas o sin ellas las cosas son como una se las propone.

Martirio: O como Dios dispone.

Prudencia: Los muebles me han dicho que son preciosos.

Bernarda: Dieciséis mil reales he gastado.

La Poncia: *(Interviniendo.)* Lo mejor es el armario de luna.

Prudencia: Nunca vi un mueble de éstos.

Bernarda: Nosotras tuvimos arca.

Prudencia: Lo preciso es que todo sea para bien.

Adela: Que nunca se sabe.

Bernarda: No hay motivo para que no lo sea.

(Se oyen lejanísimas unas campanas.)

Prudencia: El último toque. *(A Angustias.)* Ya vendré a que me enseñes la ropa.

Angustias: Cuando usted quiera.

Prudencia: Buenas noches nos dé Dios.

Bernarda: Adiós, Prudencia.

Las cinco a la vez: Vaya usted con Dios. *(Pausa. Sale Prudencia.)*

Bernarda: Ya hemos comido. *(Se levantan.)*

Adela: Voy a llegarme hasta el portón para estirar las piernas y tomar un poco el fresco.

(Magdalena se sienta en una silla baja retrepada contra la pared.)

Amelia: Yo voy contigo.
Martirio: Y yo.
Adela: *(Con odio contenido.)* No me voy a perder.
Amelia: La noche quiere compaña.

(Salen. Bernarda se sienta y Angustias está arreglando la mesa.)

Bernarda: Ya te he dicho que quiero que hables con tu hermana Martirio. Lo que pasó del retrato fue una broma y lo debes olvidar.
Angustias: Usted sabe que ella no me quiere.
Bernarda: Cada uno sabe lo que piensa por dentro. Yo no me meto en los corazones, pero quiero buena fachada y armonía familiar. ¿Lo entiendes?
Angustias: Sí.
Bernarda: Pues ya está.
Magdalena: *(Casi dormida.)* Además, ¡si te vas a ir antes de nada! *(Se duerme.)*
Angustias: Tarde me parece.
Bernarda: ¿A qué hora terminaste anoche de hablar?
Angustias: A las doce y media.
Bernarda: ¿Qué cuenta Pepe?
Angustias: Yo lo encuentro distraído. Me habla siempre como pensando en otra cosa. Si le pregunto qué le pasa, me contesta: «Los hombres tenemos nuestras preocupaciones.»
Bernarda: No le debes preguntar. Y cuando te cases, menos. Habla si él habla y míralo cuando te

mire. Así no tendrás disgustos.

Angustias: Yo creo, madre, que él me oculta muchas cosas.

Bernarda: No procures descubrirlas, no le preguntes y, desde luego, que no te vea llorar jamás.

Angustias: Debía estar contenta y no lo estoy.

Bernarda: Eso es lo mismo.

Angustias: Muchas veces miro a Pepe con mucha fijeza y se me borra a través de los hierros, como si lo tapara una nube de polvo de las que levantan los rebaños.

Bernarda: Eso son cosas de debilidad.

Angustias: ¡Ojalá!

Bernarda: ¿Viene esta noche?

Angustias: No. Fue con su madre a la capital.

Bernarda: Así nos acostaremos antes. ¡Magdalena!

Angustias: Está dormida.

(Entran Adela, Martirio y Amelia.)

Amelia: ¡Qué noche más oscura!

Adela: No se ve a dos pasos de distancia.

Martirio: Una buena noche para ladrones, para el que necesite escondrijo.

Adela: El caballo garañón estaba en el centro del corral. ¡Blanco! Doble de grande, llenando todo lo oscuro.

Amelia: Es verdad. Daba miedo. ¡Parecía una aparición!

Adela: Tiene el cielo unas estrellas como puños.

Martirio: Ésta se puso a mirarlas de modo que se iba a tronchar el cuello.

Adela: ¿Es que no te gustan a ti?

Martirio: A mí las cosas de tejas arriba no me importan nada. Con lo que pasa dentro de las habitaciones tengo bastante.

Adela: Así te va a ti.

Bernarda: A ella le va en lo suyo como a ti en lo tuyo.

Angustias: Buenas noches.

Adela: ¿Ya te acuestas?

Angustias: Sí, esta noche no viene Pepe. *(Sale.)*

Adela: Madre, ¿por qué cuando se corre una estrella o luce un relámpago se dice:

Santa Bárbara bendita,
que en el cielo estás escrita
con papel y agua bendita?

Bernarda: Los antiguos sabían muchas cosas que hemos olvidado.

Amelia: Yo cierro los ojos para no verlas.

Adela: Yo no. A mí me gusta ver correr lleno de lumbre lo que está quieto y quieto años enteros.

Martirio: Pero estas cosas nada tienen que ver con nosotros.

Bernarda: Y es mejor no pensar en ellas.

Adela: ¡Qué noche más hermosa! Me gustaría quedarme hasta muy tarde para disfrutar el fresco del campo.

Bernarda: Pero hay que acostarse. ¡Magdalena!

Amelia: Está en el primer sueño.

Bernarda: ¡Magdalena!

Magdalena: *(Disgustada.)* ¡Dejarme en paz!

Bernarda: ¡A la cama!

Magdalena: *(Levantándose malhumorada.)* ¡No la dejáis a una tranquila! *(Se va refunfuñando.)*

Amelia: Buenas noches. *(Se va.)*

Bernarda: Andar vosotras también.

Martirio: ¿Cómo es que esta noche no viene el novio de Angustias?

Bernarda: Fue de viaje.

Martirio: *(Mirando a Adela.)* ¡Ah!

Adela: Hasta mañana. *(Sale.)*

(Martirio bebe agua y sale lentamente mirando hacia la puerta del corral. Sale La Poncia.)

La Poncia: ¿Estás todavía aquí?

Bernarda: Disfrutando este silencio y sin lograr ver por parte alguna « la cosa tan grande» que aquí pasa, según tú.

La Poncia: Bernarda, dejemos esa conversación.

Bernarda: En esta casa no hay un sí ni un no. Mi vigilancia lo puede todo.

La Poncia: No pasa nada por fuera. Eso es verdad. Tus hijas están y viven como metidas en alacenas. Pero ni tú ni nadie puede vigilar por el interior de los pechos.

Bernarda: Mis hijas tienen la respiración tranquila.

La Poncia: Eso te importa a ti, que eres su madre. A mí, con servir tu casa tengo bastante.

Bernarda: Ahora te has vuelto callada.

La Poncia: Me estoy en mi sitio, y en paz.

Bernarda: Lo que pasa es que no tienes nada que decir. Si en esta casa hubiera hierbas, ya te encargarías de traer a pastar las ovejas del vecindario.

La Poncia: Yo tapo más de lo que te figuras.

Bernarda: ¿Sigue tu hijo viendo a Pepe a las cuatro de la mañana? ¿Siguen diciendo todavía la mala letanía de esta casa?

La Poncia: No dicen nada.

Bernarda: Porque no pueden. Porque no hay carne donde morder. ¡A la vigilia de mis ojos se debe esto!

La Poncia: Bernarda, yo no quiero hablar porque temo tus intenciones. Pero no estés segura.

Bernarda: ¡Segurísima!

La Poncia: ¡A lo mejor, de pronto, cae un rayo! ¡A lo mejor, de pronto, un golpe de sangre te para el corazón!

Bernarda: Aquí no pasará nada. Ya estoy alerta contra tus suposiciones.

La Poncia: Pues mejor para ti.

Bernarda: ¡No faltaba más!

Criada: *(Entrando.)* Ya terminé de fregar los platos. ¿Manda usted algo, Bernarda?

Bernarda: *(Levantándose.)* Nada. Yo voy a descansar.

La Poncia: ¿A qué hora quiere que la llame?

Bernarda: A ninguna. Esta noche voy a dormir bien. *(Se va.)*

La Poncia: Cuando una no puede con el mar lo más fácil es volver las espaldas para no verlo.

Criada: Es tan orgullosa que ella misma se pone una venda en los ojos.

La Poncia: Yo no puedo hacer nada. Quise atajar las cosas, pero ya me asustan demasiado. ¿Tú ves este silencio? Pues hay una tormenta en cada cuarto. El día que estallen nos barrerán a todas. Yo he dicho lo que tenía que decir.

Criada: Bernarda cree que nadie puede con ella y no sabe la fuerza que tiene un hombre entre mujeres solas.

La Poncia: No es toda la culpa de Pepe el Romano. Es verdad que el año pasado anduvo detrás de Adela, y ésta estaba loca por él, pero ella debió estarse en su sitio y no provocarlo. Un hombre es un hombre.

Criada: Hay quien cree que habló muchas noches con Adela.

La Poncia: Es verdad. *(En voz baja)* Y otras cosas.

Criada: No sé lo que va a pasar aquí.

La Poncia: A mí me gustaría cruzar el mar y dejar esta casa de guerra..

Criada: Bernarda está aligerando la boda y es posible que nada pase.

La Poncia: Las cosas se han puesto ya demasiado maduras. Adela está decidida a lo que sea, y las demás vigilan sin descanso.

Criada: ¿Y Martirio también?

La Poncia: Ésa es la peor. Es un pozo de veneno. Ve que el Romano no es para ella y hundiría el mundo si estuviera en su mano.

Criada: ¡Es que son malas!

La Poncia: Son mujeres sin hombre, nada más. En estas cuestiones se olvida hasta la sangre. ¡Chisssssss! *(Escucha.)*

Criada: ¿Qué pasa?

La Poncia: *(Se levanta.)* Están ladrando los perros.

Criada: Debe haber pasado alguien por el portón.

(Sale Adela en enaguas blancas y corpiño.)

La Poncia: ¿No te habías acostado?

Adela: Voy a beber agua. *(Bebe en un vaso de la mesa.)*

La Poncia: Yo te suponía dormida.

Adela: Me despertó la sed. Y vosotras, ¿no descansáis?

Criada: Ahora.

(Sale Adela.)

La Poncia: Vámonos.

Criada: Ganado tenemos el sueño. Bernarda no me deja descansar en todo el día.

La Poncia: Llévate la luz.

Criada: Los perros están como locos.

La Poncia: No nos van a dejar dormir.

(Salen. La escena queda casi a oscuras. Sale María Josefa con una oveja en los brazos.)

María Josefa: Ovejita, niño mío,
vámonos a la orilla del mar.
La hormiguita estará en su puerta,
yo te daré la teta y el pan.
Bernarda,
cara de leoparda.
Magdalena,
cara de hiena.
¡Ovejita!
Meee, meee.
Vamos a los ramos del portal de Belén. *(Ríe)*
Ni tú ni yo queremos dormir.
La puerta sola se abrirá
y en la playa nos meteremos
en una choza de coral.
Bernarda,
cara de leoparda.
Magdalena,
cara de hiena.
¡Ovejita!
Meee, meee.
Vamos a los ramos del portal de Belén!

(Se va cantando. Entra Adela. Mira a un lado y otro con sigilo, y desaparece por la puerta del corral. Sale Martirio por otra puerta y queda en angustioso acecho en el centro de la escena. También va en enaguas. Se cubre con un pequeño mantón negro de talle. Sale por enfrente de ella María Josefa.)

Martirio: Abuela, ¿dónde va usted?
María Josefa: ¿Vas a abrirme la puerta? ¿Quién eres tú?
Martirio: ¿Cómo está aquí?
María Josefa: Me escapé. ¿Tú quién eres?
Martirio: Vaya a acostarse.
María Josefa: Tú eres Martirio, ya te veo. Martirio, cara de martirio. ¿Y cuándo vas a tener un niño? Yo he tenido éste.
Martirio: ¿Dónde cogió esa oveja?
María Josefa: Ya sé que es una oveja. Pero, ¿por qué una oveja no va a ser un niño? Mejor es tener una oveja que no tener nada. Bernarda, cara de leoparda. Magdalena, cara de hiena.
Martirio: No dé voces.
María Josefa: Es verdad. Está todo muy oscuro. Como tengo el pelo blanco crees que no puedo tener crías, y sí, crías y crías y crías. Este niño tendrá el pelo blanco y tendrá otro niño, y éste otro, y todos con el pelo de nieve, seremos como las olas, una y otra y otra. Luego nos sentaremos todos, y todos tendremos el cabello blanco y seremos espuma. ¿Por qué aquí no hay espuma? Aquí no hay más que mantos de luto.
Martirio: Calle, calle.
María Josefa: Cuando mi vecina tenía un niño yo le llevaba chocolate y luego ella me lo traía a mí, y así siempre, siempre, siempre. Tú tendrás el pelo blanco, pero no vendrán las vecinas. Yo tengo que marcharme, pero tengo miedo de que los

perros me muerdan. ¿Me acompañarás tú a salir del campo? Yo quiero campo. Yo quiero casas, pero casas abiertas, y las vecinas acostadas en sus camas con sus niños chiquitos, y los hombres fuera, sentados en sus sillas. Pepe el Romano es un gigante. Todas lo queréis. Pero él os va a devorar, porque vosotras sois granos de trigo. No granos de trigo, no. ¡Ranas sin lengua!

Martirio: *(Enérgica.)* Vamos, váyase a la cama. *(La empuja.)*

María Josefa: Sí, pero luego tú me abrirás, ¿verdad?

Martirio: De seguro.

María Josefa: *(Llorando.)*

Ovejita, niño mío,
vámonos a la orilla del mar.
La hormiguita estará en su puerta,
yo te daré la teta y el pan.

(Sale. Martirio cierra la puerta por donde ha salido María Josefa y se dirige a la puerta del corral. Allí vacila, pero avanza dos pasos más.)

Martirio: *(En voz baja.)* Adela. *(Pausa. Avanza hasta la misma puerta. En voz alta.)* ¡Adela!

(Aparece Adela. Viene un poco despeinada.)

Adela: ¿Por qué me buscas?

Martirio: ¡Deja a ese hombre!

Adela: ¿Quién eres tú para decírmelo?

Martirio: No es ése el sitio de una mujer honrada.

Adela: ¡Con qué ganas te has quedado de ocuparlo!

Martirio: *(En voz alta.)* Ha llegado el momento de que yo hable. Esto no puede seguir así.

Adela: Esto no es más que el comienzo. He tenido fuerza para adelantarme. El brío y el mérito que tú no tienes. He visto la muerte debajo de estos techos y he salido a buscar lo que era mío, lo que me pertenecía.

Martirio: Ese hombre sin alma vino por otra. Tú te has atravesado.

Adela: Vino por el dinero, pero sus ojos los puso siempre en mí.

Martirio: Yo no permitiré que lo arrebates. El se casará con Angustias.

Adela: Sabes mejor que yo que no la quiere.

Martirio: Lo sé.

Adela: Sabes, porque lo has visto, que me quiere a mí.

Martirio: *(Desesperada.)* Sí.

Adela: *(Acercándose.)* Me quiere a mí, me quiere a mí.

Martirio: Clávame un cuchillo si es tu gusto, pero no me lo digas más.

Adela: Por eso procuras que no vaya con él. No te importa que abrace a la que no quiere. A mí, tampoco. Ya puede estar cien años con Angustias. Pero que me abrace a mí se te hace terrible, porque tú lo quieres también, ¡lo quieres!

Martirio: *(Dramática.)* ¡Sí! Déjame decirlo con la cabeza fuera de los embozos. ¡Sí! Déjame que el pecho se me rompa como una granada de amargura. ¡Le quiero!

Adela: *(En un arranque, y abrazándola.)* Martirio, Martirio, yo no tengo la culpa.

Martirio: ¡No me abraces! No quieras ablandar mis ojos. Mi sangre ya no es la tuya, y aunque quisiera verte como hermana no te miro ya más que como mujer. *(La rechaza.)*

Adela: Aquí no hay ningún remedio. La que tenga que ahogarse que se ahogue. Pepe el Romano es mío. Él me lleva a los juncos de la orilla.

Martirio: ¡No será!

Adela: Ya no aguanto el horror de estos techos después de haber probado el sabor de su boca. Seré lo que él quiera que sea. Todo el pueblo contra mí, quemándome con sus dedos de lumbre, perseguida por los que dicen que son decentes, y me pondré delante de todos la corona de espinas que tienen las que son queridas de algún hombre casado.

Martirio: ¡Calla!

Adela: Sí, sí. *(En voz baja.)* Vamos a dormir, vamos a dejar que se case con Angustias. Ya no me importa. Pero yo me iré a una casita sola donde él me verá cuando quiera, cuando le venga en gana.

Martirio: Eso no pasará mientras yo tenga una gota de sangre en el cuerpo.
Adela: No a ti, que eres débil: a un caballo encabritado soy capaz de poner de rodillas con la fuerza de mi dedo meñique.
Martirio: No levantes esa voz que me irrita. Tengo el corazón lleno de una fuerza tan mala, que sin quererlo yo, a mí misma me ahoga.
Adela: Nos enseñan a querer a las hermanas. Dios me ha debido dejar sola, en medio de la oscuridad, porque te veo como si no te hubiera visto nunca.

(Se oye un silbido y Adela corre a la puerta, pero Martirio se le pone delante.)

Martirio: ¿Dónde vas?
Adela: ¡Quítate de la puerta!
Martirio: ¡Pasa si puedes!
Adela: ¡Aparta! *(Lucha.)*
Martirio: *(A voces.)* ¡Madre, madre!
Adela: ¡Déjame!

(Aparece Bernarda. Sale en enaguas con un mantón negro.)

Bernarda: Quietas, quietas. ¡Qué pobreza la mía, no poder tener un rayo entre los dedos!
Martirio: *(Señalando a Adela.)* ¡Estaba con él! ¡Mira esas enaguas llenas de paja de trigo!

Bernarda: ¡Esa es la cama de las mal nacidas! *(Se dirige furiosa hacia Adela.)*

Adela: *(Haciéndole frente.)* ¡Aquí se acabaron las voces de presidio! *(Adela arrebata un bastón a su madre y lo parte en dos.)* Esto hago yo con la vara de la dominadora. No dé usted un paso más. ¡En mí no manda nadie más que Pepe!

(Sale Magdalena.)

Magdalena: ¡Adela!

(Salen la Poncia y Angustias.)

Adela: Yo soy su mujer. *(A Angustias.)* Entérate tú y ve al corral a decírselo. Él dominará toda esta casa. Ahí fuera está, respirando como si fuera un león.

Angustias: ¡Dios mío! Bernarda: ¡La escopeta! ¿Dónde está la escopeta? *(Sale corriendo.)*

(Aparece Amelia por el fondo, que mira aterrada, con la cabeza sobre la pared. Sale detrás Martirio.)

Adela: ¡Nadie podrá conmigo! *(Va a salir.)*

Angustias: *(Sujetándola.)* De aquí no sales con tu cuerpo en triunfo, ¡ladrona! ¡deshonra de nuestra casa!

Magdalena: ¡Déjala que se vaya donde no la veamos nunca más!

(Suena un disparo.)

Bernarda: *(Entrando.)* Atrévete a buscarlo ahora.

Martirio: *(Entrando.)* Se acabó Pepe el Romano.

Adela: ¡Pepe! ¡Dios mío! ¡Pepe! *(Sale corriendo.)*

La Poncia: ¿Pero lo habéis matado?

Martirio: ¡No! ¡Salió corriendo en la jaca!

Bernarda: No fue culpa mía. Una mujer no sabe apuntar.

Magdalena: ¿Por qué lo has dicho entonces?

Martirio: ¡Por ella! Hubiera volcado un río de sangre sobre su cabeza.

La Poncia: Maldita.

Magdalena: ¡Endemoniada!

Bernarda: Aunque es mejor así. *(Se oye como un golpe.)* ¡Adela! ¡Adela!

La Poncia: *(En la puerta.)* ¡Abre!

Bernarda: Abre. No creas que los muros defienden de la vergüenza.

Criada: *(Entrando.)* ¡Se han levantado los vecinos!

Bernarda: *(En voz baja, como un rugido.)* ¡Abre, porque echaré abajo la puerta! *(Pausa. Todo queda en silencio)* ¡Adela! *(Se retira de la puerta.)* ¡Trae un martillo! *(La Poncia da un empujón y entra. Al entrar da un grito y sale.)* ¿Qué?

La Poncia: *(Se lleva las manos al cuello.)* ¡Nunca tengamos ese fin!

(Las hermanas se echan hacia atrás. La Criada se santigua. Bernarda da un grito y avanza.)

La Poncia: ¡No entres!

Bernarda: No. ¡Yo no! Pepe: irás corriendo vivo por lo oscuro de las alamedas, pero otro día caerás. ¡Descolgarla! ¡Mi hija ha muerto virgen! Llevadla a su cuarto y vestirla como si fuera doncella. ¡Nadie dirá nada! ¡Ella ha muerto virgen! Avisad que al amanecer den dos clamores las campanas.

Martirio: Dichosa ella mil veces que lo pudo tener.

Bernarda: Y no quiero llantos. La muerte hay que mirarla cara a cara. ¡Silencio! *(A otra hija.)* ¡A callar he dicho! *(A otra hija.)* Las lágrimas cuando estés sola. ¡Nos hundiremos todas en un mar de luto! Ella, la hija menor de Bernarda Alba, ha muerto virgen. ¿Me habéis oído? ¡Silencio, silencio he dicho! ¡Silencio!

Día viernes 19 de junio, 1936.

Telón rápido.

La zapatera prodigiosa

Personajes

Zapatera
Vecina Roja
Vecina Morada
Vecina Negra
Vecina Verde
Vecina Amarilla
Beata 1ª
Beata 2ª
Sacristana
El Autor
Zapatero
El Niño
Don Mirlo
Mozo de la Faja
Mozo del Sombrero
Vecinas, Beatas, Curas y Pueblo

Prólogo

(Aparece el autor. Sale rápidamente. Lleva una carta en la mano).

El autor: Respetable público... *(Pausa.)* No, respetable público no, público solamente; y no es que el autor no considere al público respetable, todo lo contrario, sino que detrás de esta palabra hay como un delicado temblor de miedo y una especie de súplica para que el auditorio sea generoso con la mímica de los actores y el artificio del ingenio. El poeta no pide benevolencia, sino atención, una vez que ha saltado hace mucho tiempo la barra espinosa de miedo que los autores tienen a la sala. Por este miedo absurdo y por ser el teatro en muchas ocasiones una finanza, la poesía se retira de la escena en busca de otros ambientes, donde la gente no se asuste de que un árbol, por ejemplo, se convierta en una bola de humo o de que tres peces, por amor de una mano y una palabra, se conviertan en tres millones de peces para calmar el hambre de una multitud. El autor ha preferido poner el ejemplo dramático en el vivo ritmo de una zapatería popular. En todos los sitios late y anima la criatura poética que el autor ha vestido de zapatera con aire de refrán o simple romancillo y no se extrañe el público si aparece violenta o toma actitudes agrias, porque ella lucha siempre, lucha con la realidad que la cerca y lucha con la fantasía cuando ésta se hace realidad visible.

Zapatera: *(Se oyen voces de la Zapatera)* ¡Quiero salir!

Autor: ¡Ya voy! No tengas tanta impaciencia en salir; no es un traje de larga cola y plumas inverosímiles el que sacas, sino un traje roto, ¿lo oyes?, un traje de zapatera.

Zapatera: *(Voz de la Zapatera dentro)* ¡Quiero salir!

Autor: ¡Silencio! *(Se descorre la cortina y aparece el decorado con tenue luz.)*

Autor: También amanece así todos los días sobre las ciudades, y el público olvida su medio mundo de sueño para entrar en los mercados como tú en tu casa, en la escena, zapaterilla prodigiosa. *(Va creciendo la luz.)* A empezar, tú llegas de la calle. *(Se oyen voces que pelean. Al público)* Buenas noches. *(Se quita el sombrero de copa y éste se ilumina por dentro con una luz verde, el autor lo inclina y sale de él un chorro de agua. El autor mira un poco cohibido al público y se retira de espaldas lleno de ironía.)* Ustedes perdonen. *(Sale.)*

Acto primero

(Casa del zapatero. Banquillo y herramientas. Habitación completamente blanca. Gran ventana y puerta. El foro es también una habitación blanca con algunas puertecitas y ventanas en gris. A derecha e izquierda, puertas. Toda la escena tendrá aire de optimismo y alegría exaltada en los más pequeños detalles. Una suave luz naranja de media tarde invade la escena. Al levantarse el telón la Zapatera viene de la calle toda furiosa y se detiene en la puerta. Viste un traje verde rabioso y lleva el pelo tirante, adornado con dos grandes rosas. Tiene un aire agreste y dulce al mismo tiempo.)

Zapatera: Cállate, larga de lengua, penacho de catalineta, que si yo lo he hecho... si yo lo he hecho, ha sido por mi propio gusto... Si no te metes dentro de tu casa te hubiera arrastrado, viborilla empolvada; y esto lo digo para que me oigan todas las que están detrás de las ventanas. Que más vale estar casada con un viejo que con un tuerto, como tú estás. Y no quiero más conversación, ni contigo ni con nadie, ni con nadie. *(Entra dando un fuerte portazo.)* Ya sabía yo que con esta clase de gente no se podía hablar ni un segundo..., pero la culpa la tengo yo, yo y yo..., que debí estarme en mi casa con... casi no quiero creerlo, con mi marido. Quién me hubiera dicho a mí, rubia con los ojos negros, que hay que ver el mérito que esto tiene, con este talle y estos colores tan hermosísimos, que me iba a ver casada con... me tiraría del pelo. *(Llora. Llaman a la puerta.)* ¿Quién es? *(No responden y llaman otra vez.)* ¿Quién es? *(Enfurecida.)*

Niño: *(temerosamente)* Gente de paz.

Zapatera: *(abriendo)* ¿Eres tú? *(Melosa y conmovida)*

Niño: Sí, señora Zapaterita. ¿Estaba usted llorando?

Zapatera: No, es que un mosco de esos que hacen piiiii me ha picado en este ojo.

Niño: ¿Quiere usted que le sople?

Zapatera: No, hijo mío, ya se me ha pasado... *(Le acaricia.)* ¿Y qué es lo que quieres?

Niño: Vengo con estos zapatos de charol, costaron cinco duros, para que los arregle su marido. Son de mi hermana la grande, la que tiene el cutis fino y se pone dos lazos, que tiene dos, un día uno y otro día otro, en la cintura.

Zapatera: Déjalos ahí, ya los arreglarán.

Niño: Dice mi madre que tenga cuidado de no darle muchos martillazos, que el charol es muy delicado, para que no se estropee el charol.

Zapatera: Dile a tu madre que ya sabe mi marido lo que tiene que hacer, y que así supiera ella aliñar con laurel y pimienta un buen guiso como mi marido componer zapatos.

Niño: *(haciendo pucheros)* No se disguste usted conmigo, que yo no tengo la culpa y todos los días estudio muy bien la gramática.

Zapatera: *(dulce)* ¡Hijo mío! ¡Prenda mía! ¡Si contigo no es nada! *(Lo besa.)* Toma este muñequito, ¿te gusta? Pues llévatelo.

Niño: Me lo llevaré, porque como yo sé que usted no tendrá nunca niños...

Zapatera: ¿Quién te dijo eso?

Niño: Mi madre lo hablaba el otro día, diciendo: la zapatera no tendrá hijos, y se reían mis hermanas y la comadre Rafaela.

Zapatera: *(nerviosamente)* ¿Hijos? Puede que los tenga más hermosos que todas ellas y con más arranque y más honra, porque tu madre... es menester que sepas...

Niño: ¡Tome usted el muñequito, no lo quiero!

Zapatera: *(reaccionando)* No, no, guárdalo, hijo mío... ¡Si contigo no es nada!

(Aparece por la izquierda el Zapatero. Viste traje de terciopelo con botones de plata, pantalón corto y corbata roja. Se dirige al banquillo.)

Zapatera: ¡Válgate Dios!

Niño: *(asustado)* ¡Ustedes se conserven bien! ¡Hasta la vista! ¡Que sea enhorabuena! ¡Deo gratias! *(Sale corriendo por la calle.)*

Zapatera: Adiós, hijito. Si hubiera reventado antes de nacer no estaría pasando estos trabajos y estas tribulaciones. !Ay dinero, dinero!, sin manos y sin ojos debería haberse quedado el que te inventó.

Zapatero: *(en el banquillo)* ¿Mujer, qué estás diciendo...?

Zapatera: ¡Lo que a ti no te importa!

Zapatero: A mí no me importa nada de nada. Ya sé que tengo que aguantarme.

Zapatera: También me aguanto yo... piensa que tengo dieciocho años.

Zapatero: Y yo... cincuenta y tres. Por eso me callo y no me disgusto contigo... ¡demasiado sé yo...! Trabajo para ti... y sea lo que Dios quiera...

Zapatera: *(Esta de espaldas a su marido y se vuelve y avanza tierna y conmovida)* ¡Eso no, hijo mío... no digas...!

Zapatero: ¡Pero, ay, si tuviera cuarenta años o cuarenta y cinco, siquiera...! *(Golpea furiosamente un zapato con el martillo.)*

Zapatera: *(enardecida)* Entonces yo sería tu criada, ¿no es eso? Si una no puede ser buena... ¿Y yo? ¿es que no valgo nada?

Zapatero: Mujer... repórtate.

Zapatera: ¿Es que mi frescura y mi cara no valen todos los dineros de este mundo?

Zapatero: ¡Mujer... ;que te van a oír los vecinos!

Zapatera: ¡Maldita hora, maldita hora, en que hice caso a mi compadre Manuel.

Zapatero: ¿Quieres que te eche un refresquito de limón?

Zapatera: ¡Ay, tonta, tonta, tonta! *(Se golpea la frente.)* Con tan buenos pretendientes como yo he tenido.

Zapatero: *(queriendo suavizar)* Eso dice la gente.

Zapatera: ¿La gente? Por todas partes se sabe. Lo mejor de estas vegas. Pero el que más me gustaba a mí de todos era Emiliano... tú lo conociste... Emiliano, que venía montado en una jaca negra, llena de borlas y espejitos, con una varilla de mimbre en su mano y unas espuelas de cobre reluciente. ¡Y que capa traía por el invierno! ¡Qué vueltas de pana azul y qué agremanes de seda!

Zapatero: Así tuve yo una también.. . son unas capas preciosísimas.

Zapatera: ¿Tu? ¡Tú que ibas a tener ....! ¿Pero, por qué te haces ilusiones? Un zapatero no se ha puesto en su vida una prenda de esa clase...

Zapatero: Pero, mujer, ¿no estás viendo ...?

Zapatera: *(interrumpiéndole)* También tuve otro pretendiente... *(El Zapatero golpea fuertemente el zapato.)* Aquél era medio señorito... tendría dieciocho años, ¡se dice muy pronto! ¡Dieciocho años! *(El Zapatero se revuelve inquieto.)*

Zapatero: También los tuve yo.

Zapatera: Tú no has tenido en tu vida dieciocho años.. Aquél sí que los tenía y me decía unas cosas.. Verás...

Zapatero: *(golpeando furioso)* ¿Te quieres callar? Eres mi mujer, quieras o no quieras, y yo soy tu esposo. Estabas pereciendo sin camisa, ni hogar. Por qué me has querido. ¡Fantasiosa, fantasiosa, fantasiosa!

Zapatera: *(levantándose)* ¡Cállate! No me hagas hablar más de lo prudente y ponte a tu obligación. ¡Parece mentira! *(Dos vecinas con mantillas cruzan la ventana sonriendo.)* ¿Quién me lo iba a decir, viejo pellejo, que me ibas a dar tal pago? ¡Pégame, si te parece, anda, tírame el martillo!

Zapatero: ¡Ay, mujer... no me des escándalos, mira que viene la gente! ¡Ay, Dios mío! *(Las dos vecinas vuelven a cruzar.)*

Zapatera: Yo me he rebajado. ¡Tonta, tonta, tonta! Maldito sea mi compadre Manuel, maldito sean los vecinos, tonta, tonta, tonta. *(Sale golpeándose la cabeza.)*

Zapatero: *(mirándose en un espejo y contándose las arrugas)* Una, dos, tres, cuatro... y mil. *(Guarda el espejo.)* Pero me está muy bien empleado, sí, señor. Porque vamos a ver: ¿por qué me habré casado? Yo debí haber comprendido, después de leer tantas novelas, que las mujeres les gustan a todos los hombres, pero todos los hombres no les gustan a todas las mujeres. ¡Con lo bien que yo estaba! Mi hermana, mi hermana tiene la culpa, mi hermana que se empeñó: "que si te vas a quedar solo", "que si qué sé yo que". Y esto es mi ruina. ¡Mal rayo parta a mi hermana, que en paz descanse! *(Fuera se oyen voces.)* ¿Qué será?

Vecina roja: *(en la ventana y con brío. La acompañan sus hijas del mismo color)* Buenas tardes.

Zapatero: *(rascándose la cabeza)* Buenas tardes.

Vecina: Dile a tu mujer que salga. Niñas, ¿queréis no llorar más? ¡Que salga, a ver si por delante de mí casca tanto como por detrás!

Zapatero: Ay, vecina de mi alma, no me dé usted escándalos, ¡por los clavitos de Nuestro Señor! ¿Qué quiere usted que yo le haga? Pero comprenda mi situación: toda la vida temiendo casarme... porque casarse es una cosa muy seria, y, a última hora, ya lo está usted viendo.

Vecina: ¡Qué lástima de hombre! ¡Cuánto mejor le hubiera ido a usted casado con gente de su clase! .. Estas niñas, pongo por caso, u otras del pueblo...

Zapatero: Y mi casa no es casa. ¡Es un guirigay!

Vecina: ¡Se arranca el alma! Tan buenísima sombra como ha tenido usted toda su vida.

Zapatero: *(mira por si viene su mujer)* Anteayer... despedazó el jamón que teníamos guardado para estas Pascuas y nos lo comimos entero. Ayer estuvimos todo el día con unas sopas de huevos y perejil: bueno, pues porque protesté de esto, me hizo beber tres vasos seguidos de leche sin hervir.

Vecina: ¡Qué fiera!

Zapatero: Así es, vecinita de mi corazón, que le agradecería en el alma que se retirase.

Vecina: ¡Ay, si viviera su hermana! Aquélla si que era...

Zapatero: Ya ves... y de camino llévate tus zapatos que están arreglados. *(Por la puerta de la izquierda asoma la zapatera, que detrás de la cortina espía la escena sin ser vista.)*

Vecina: *(mimosa)* ¿Cuánto me vas a llevar por ellos?... Los tiempos van cada vez peor.

Zapatero: Lo que tú quieras... Ni que tire por allí ni que tire por aquí...

Vecina: *(dando en el codo a sus hijas)* ¿Están bien en dos pesetas?

Zapatero: ¡Tú dirás!

Vecina: Vaya... ¡Te daré una...!

Zapatera: *(Saliendo furiosa)* ¡Ladrona! *(Las mujeres chillan y se asustan.)* ¿Tienes valor de robar a este hombre de esta manera? *(A su marido.)* Y tú, ¿dejarte robar? Vengan los zapatos. Mientras no nos des por ellos diez pesetas, aquí se quedan.

Vecina: ¡Lagarta, lagarta!

Zapatera: ¡Mucho cuidado con lo que estás diciendo!

Niñas: Ay, vámonos, vámonos, ¡por Dios!

Vecina: ¡Bien despachado vas de mujer, que te aproveche! *(Se van rápidamente. El Zapatero cierra la ventana y la puerta)*

Zapatero: Escúchame un momento...

Zapatera: *(recordando)* Lagarta... lagarta... qué, qué, qué... ¿qué me vas a decir?

Zapatero: Mira, hija mía. Toda mi vida ha sido en mí una verdadera preocupación evitar el escándalo. *(El Zapatero traga constantemente saliva.)*

Zapatera: ¿Pero tienes el valor de llamarme escandalosa, cuando he salido a defender tu dinero?

Zapatero: Yo no te digo más, que he huido de los escándalos, como las salamanquesas del agua fría.

Zapatera: *(rápida)* ¡Salamanquesas! ¡Hay, qué asco!

Zapatero: *(armado de paciencia)* Me han provocado, me han, a veces, hasta insultado, y no teniendo ni tanto así de cobarde he quedado sin alma en mi almario, por el miedo de verme rodeado de gentes y llevado y traído por comadres y desocupados. De modo que ya lo sabes. ¿He hablado bien? Ésta es mi última palabra.

Zapatera: Pero vamos a ver, a mí ¿qué me importa todo eso? Me casé contigo, ¿no tienes la casa limpia? ¿No comes? ¿No te pones cuellos y puños que en tu vida te los habías puesto? ¿No llevas tu reloj, tan hermoso, con cadena de plata y venturinas, al que te doy cuerda todas las noches? ¿Qué más quieres? Porque yo, todo; menos esclava. Quiero hacer siempre mi santa voluntad.

Zapatero: No me digas... tres meses llevamos de casados, yo, queriéndote... y tú, poniéndome verde. ¿No ves que ya no estoy para bromas?

Zapatera: *(seria y como soñando)* Queriéndome, queriéndome... Pero *(brusca)* ¿qué es eso de queriéndome? ¿Qué es queriéndome?

Zapatero: Tú te creerás que yo no tengo vista y sé lo que haces y lo que no haces, y ya estoy colmado, ¡hasta aquí!

Zapatera: *(fiera)* Pues lo mismo me da a mí que estés colmado como que no estés, porque tú me importas tres pitos, ¡ya lo sabes! *(Llora.)*

Zapatero: ¿No puedes hablarme un poquito más bajo?

Zapatera: Merecías, por tonto, que colmara la calle a gritos.

Zapatero: Afortunadamente creo que esto acabará pronto; porque yo no sé cómo tengo paciencia.

Zapatera: Hoy no comemos... de manera que ya te puedes buscar la comida por otro sitio. *(La Zapatera sale rápidamente hecha una furia.)*

Zapatero: Mañana *(sonriendo)* quizás la tengas que buscar tú también. *(Se va al banquillo.)*

(Por la puerta central aparece el Alcalde. Viste de azul oscuro, gran capa y larga vara de mano rematada con cabos de plata. Habla despacio y con gran sorna.)

Alcalde: ¿En el trabajo?

Zapatero: En el trabajo, señor Alcalde.

Alcalde: ¿Mucho dinero?

Zapatero: El suficiente. *(El Zapatero sigue trabajando. El Alcalde mira curiosamente a todos lados.)*

Alcalde: Tú no estás bueno.

Zapatero: *(sin levantar la cabeza)* No.

Alcalde: ¿La mujer?

Zapatero: *(asintiendo)* ¡La mujer!

Alcalde: *(sentándose)* Eso tiene casarse a tu edad... A tu edad se debe ya estar viudo... de una, como mínimo.. Yo estoy de cuatro: Rosa, Manuela Visitación y Enriqueta Gómez, que ha sido la última: buenas mozas todas, aficionadas al baile y al agua limpia. Todas, sin excepción, han probado esta vara repetidas veces. En mi casa... en mi casa, coser y cantar.

Zapatero: Pues ya está usted viendo qué vida la mía. Mi mujer... no me quiere. Habla por la ventana con todos. Hasta con don Mirlo, y a mí se me está encendiendo la sangre.

Alcalde: *(riendo)* Es que ella es una chiquilla alegre, eso es natural.

Zapatero: ¡Ca! Estoy convencido... yo creo que esto lo hace por atormentarme; porque, estoy seguro.... ella me odia. Al principio creí que la dominaría con mi carácter dulzón y mis regalillos: collares de coral, cintillos, peinetas de concha... ¡hasta unas ligas! ¡Pero ella... Siempre es ella!

Alcalde: Y tú, siempre tú; ¡qué demonio! Vamos, lo estoy viendo y me parece mentira cómo un hombre, lo que se dice un hombre, no puede meter en cintura, no una, sino ochenta hembras. Si tu mujer habla por la ventana con todos, si tu mujer se pone agria contigo, es porque tú quieres, porque tú no tienes arranque. A las mujeres buenos apretones en la cintura, pisadas fuertes y la voz siempre en alto, y si con esto se atreven a hacer kikirikí, la vara, no hay otro remedio. Rosa, Manuela, Visitación y Enriqueta Gómez, que ha sido la última, te lo pueden decir desde la otra vida, si es que por casualidad están allí.

Zapatero: Pero si el caso es que no me atrevo a decirle una cosa. *(Mira con recelo.)*

Alcalde: *(autoritario)* Dímela.

Zapatero: Comprendo que es una barbaridad... pero, yo no estoy enamorado de mi mujer.

Alcalde: ¡Demonio!

Zapatero: Sí, señor, ¡demonio!

Alcalde: Entonces, grandísimo tunante, ¿por qué te has casado?

Zapatero: Ahí lo tiene usted. Yo no me lo explico tampoco. Mi hermana, mi hermana tiene la culpa. Que si te vas a quedar solo, que si qué sé yo, que si que sé yo cuántos. Yo tenía dinerillos, salud y dije: ¡Allá voy! Pero, benditísima soledad antigua. Mal rayo parta a mi hermana, ¡que en paz descanse!

Alcalde: ¡Pues te has lucido!

Zapatero: Sí, señor, me he lucido... Ahora, que yo no aguanto más. Yo no sabía lo que era una mujer. Digo, ¡usted, cuatro! Yo no tengo edad para resistir este jaleo.

Zapatera: *(cantando dentro, fuerte)*

Ay, jaleo, jaleo,
ya se acabó el alboroto
y vamos al tiroteo!

Zapatero: Ya lo está usted oyendo.

Alcalde: ¿Y qué piensas hacer?

Zapatero: Cuca silvana. *(Hace un ademán)*

Alcalde: ¿Se te ha vuelto el juicio?

Zapatero: *(excitado)* El zapatero a tus zapatos se acabó para mí. Yo soy un hombre pacífico. Yo no estoy acostumbrado a estos voceríos y a estar en lenguas de todos.

Alcalde: *(riéndose)* Recapacita lo que has dicho que vas a hacer; tú eres capaz de hacerlo, y no seas tonto. Es una lástima que un hombre como tú no tenga el carácter que debías tener. *(Por la puerta de la izquierda aparece la Zapatera echándose polvos con una polvera rosa y limpiándose las cejas.)*

Zapatera: Buenas tardes.

Alcalde: Muy buenas. *(Al zapatero)*: Como guapa, es guapísima.

Zapatero: ¿Usted cree?

Alcalde: Qué rosas tan bien puestas lleva usted en el pelo y, ¡qué bien huelen!

Zapatera: Muchas que tiene usted en los balcones de su casa.

Alcalde: Efectivamente. ¿Le gustan a usted las flores?

Zapatera: ¿A mí...? ¡Ay, me encantan! Hasta en el tejado pondría yo macetas, en la puerta, por las paredes. Pero a éste... a ése... no le gustan. Claro, toda la vida haciendo botas, ¡qué quiere usted! *(Se sienta en la ventana.)* Y buenas tardes. *(Mira la calle y coquetea).*

Zapatero: ¿Lo ve usted?

Alcalde: Un poco ... pero es una mujer guapísima. ¡Qué cintura tan ideal!

Zapatero: No la conoce usted.

Alcalde: ¡Pscch! *(Saliendo majestuosamente)*: ¡Hasta mañana! Y a ver si se despeja esa cabeza. ¡A descansar, niña! ¡Qué lástima de talle! *(Vase mirando a 1a Zapatera.)* ¡Porque, vamos! ¡Y hay que ver qué ondas en el pelo! *(Sale.)*

Zapatero: *(cantando)*

Si tu madre tiene un rey,
la baraja tiene cuatro;
rey de oros, rey de copas,
rey de espadas, rey de bastos

(La Zapatera coge una silla y sentada en una ventana empieza a darle vueltas.)

Zapatero: *(cogiendo otra silla y dándole vueltas en sentido contrario)* Si sabes que tengo esa superstición, y para mí esto es como si me dieras un tiro, ¿por qué lo haces?

Zapatera: *(soltando la silla)* ¿Qué he hecho yo? ¿No te digo que no me dejas ni moverme?

Zapatero: Ya estoy harto de explicarte... pero es inútil

(Va a hacer mutis pero la Zapatera empieza otra vez y el Zapatero viene corriendo desde la puerta da y da vueltas a su silla.) ¿Por qué no me dejas marchar mujer?

Zapatera: ¡Jesús!, pero si lo que yo estoy desando es que te vayas.

Zapatero: ¡Pues déjame!

Zapatera: *(enfurecida)* Pues vete! *(Fuera se oye una flauta acompañada de guitarra que toca una polquita antigua con el ritmo cómicamente acusado. La Zapatera empieza a llevar el compás con la cabeza y el Zapatero huye por la izquierda.)*

Zapatera: *(cantando)* Larán... larán... A mi, es que la flauta me ha gustado siempre mucho... Yo siempre he tenido delirio por ella... Casi se me saltan las lágrimas... ¡Qué primor! Larán, larán... Oye... Me gustaría que él la oyera ... *(Se levanta y se pone a bailar como si lo hiciera con novios imaginarios.)* ¡Ay, Emiliano! Qué cintillos tan preciosos llevas ... No, no ... Me da vergüencilla... Pero, José María, ¿no ves que nos están viendo? Coge un pañuelo, que no quiero que me manches el vestido. A ti te quiero, a ti... ¡Ah, sí!... mañana que traigas la jaca blanca, la que a mí me gusta. *(Ríe. Cesa la música.)* ¡Qué mala sombra! Esto es dejar a una con la miel en los labios... Qué...

(Aparece en la ventana Don Mirlo. Viste de negro, frac y pantalón corto. Le tiembla la voz y mueve la cabeza como un muñeco de alambre.)

Mirlo: ¡Chissssss!

Zapatera: *(Sin mirar y vuelta de espalda a la ventana)* Pin, pin, pio, pío, pío.

Mirlo: *(acercándose mas)* ¡Chiss! Zapaterilla blanca, como el corazón de las almendras, pero amargosilla también. Zapaterita... junco de oro encendido... Zapaterita, bella otero de mi corazón.

Zapatera: Cuánta cosa, don Mirlo; a mí me parecía imposible que los pajarracos hablaran. Pero si anda por ahí revoloteando un mirlo negro, negro y viejo... sepa que yo no puedo oírle cantar hasta más tarde... pin, pío, pío, pío, pío.

Mirlo: Cuando las sombras crepusculares invadan con sus tenues velos el mundo y la vía pública se halle libre de transeúntes, volveré. *(Toma rapé y estornuda sobre el cuello de la Zapatera.)*

Zapatera: *(volviéndose airada y pegando a Don Mirlo, que tiembla)* Aaaay. *(Con cara de asco)*: ¡Y aunque no vuelvas indecente! Mirlo de alambre, garabato de candil. Corre, corre... ¿Se habrá visto? ¡Mira que estornudar! ¡Vaya mucho con Dios! ¡Qué asco!

(En la ventana se para el Mozo de la faja. Tiene el sombrero plano echado a la cara y da pruebas de gran pesadumbre.)

Mozo: ¿Se toma el fresco, zapaterita?

Zapatera: Exactamente igual que usted.

Mozo: Y siempre sola... ¡Qué lástima!

Zapatera: *(Agria)* ¿Y por qué, lástima ?

Mozo: Una mujer como usted, con ese pelo y esa pechera tan hermosísima...

Zapatera: *(mas agria)* Pero, ¿por qué lástima?

Mozo: Porque usted es digna de estar pintada en las tarjetas postales y no aquí... este portalillo.

Zapatera: ¿Sí?... A mí las tarjetas postales me gustan mucho, sobre todo las de novios que se van de viaje...

Mozo: ¡Ay, zapaterita, qué calentura tengo! *(Siguen hablando.)*

Zapatero: *(entrando y retrocediendo)* ¡Con todo el mundo y a estas horas! ¡Qué dirán los que vengan al rosario de la iglesia! ¡Qué dirán en el casino! ¡Me estarán poniendo!... En cada casa un traje con ropa interior y todo. *(La Zapatera ríe.)* ¡Ay, Dios mío! ¡Tengo razón para marcharme! ¿Quisiera oír a la mujer del sacristán; pues y los curas? ¿Qué dirán los curas? Eso será lo que habrá que oír. *(Entra desesperado.)*

Mozo: ¿Cómo quiere que se lo exprese...? Yo la quiero, te quiero como...

Zapatera: Verdaderamente eso de "la quiero", "te quiero", suena de un modo que parece que me están haciendo cosquillas con una pluma detrás de las orejas. Te quiero, la quiero...

Mozo: ¿Cuántas semillas tiene el girasol?

Zapatera: ¡Yo qué sé!

Mozo: Tantos suspiros doy cada minuto por usted, por ti... *(Muy cerca.)*

Zapatera: *(brusca)* Estate quieto. Yo puedo oírte hablar porque me gusta y es bonito, pero nada más, ¿lo oyes? ¡Estaría bueno!

Mozo: Pero eso no puede ser. ¿Es que tienes otro compromiso?

Zapatera: Mira, vete.

Mozo: No me muevo de este sitio sin el sí. ¡Ay, mi zapaterita, dame tu palabra! *(Va a abrazarla.)*

Zapatera: *(cerrando violentamente la ventana)* Pero qué impertinente, qué loco!... Si te he hecho daño te aguantas!... Como si yo no estuviera aquí más que paraaa, paraaaa... Es que en este pueblo no puede una hablar con nadie? Por lo que veo, en este pueblo no hay más que dos extremos: o monja o trapo de fregar... Era lo que me quedaba que ver! *(Haciendo como que huele y echando a correr.)* Ay, mi comida que está en la lumbre! Mujer ruin!

(La luz se va marchando. El Zapatero sale con una gran capa y un bulto de ropa en la mano.)

Zapatero: ¡O soy otro hombre o no me conozco! ¡Ay, casita mía! ¡Ay, banquillo mío! Cerote, clavos, pieles de becerro ... Bueno. *(Se dirige hacia la puerta y retrocede, pues se topa con dos beatas en el mismo quicio.)*

Beata 1: ¿Descansando, verdad?
Beata 2: ¡Hace usted bien en descansar!
Zapatero: ¡Buenas noches!
Beata 1: A descansar, maestro.
Beata 2: ¡A descansar, a descansar! *(Se van)*
Zapatero: Sí, descansando... ¡Pues no estaban mirando por el ojo de la llave! ¡Brujas, sayonas! ¡Cuidado con el retintín con que me lo han dicho! ¡Claro... si en todo el pueblo no se hablará de otra cosa: que si yo, que sí ella, que si los mozos! ¡Ay! ¡Mal rayo parta a mi hermana que en paz descanse! Pero primero solo que señalado por el dedo de los demás!

(Sale rápidamente y deja la puerta abierta. Por la izquierda aparece la Zapatera.)

Zapatera: Ya está la comida... ¿me estás oyendo? *(Avanza hacia la puerta de la derecha)*: ¿Me estás oyendo? ¿Pero habrá tenido el valor de marcharse al cafetín, dejando la puerta abierta... y sin haber terminad los borceguíes? ¡Pues cuando vuelva me oirá! ¡Me tiene que oír! ¡Qué hombres son los hombres, que abusivos y qué... qué... vaya!... *(En un repeluzno)*: ¡Ay, qué fresquito hace! *(Se pone a encender el candil y de la calle llega el ruido de la esquilas de los rebaños que vuelven al pueblo. La Zapatera se asoma a la ventana.)* ¡Qué primor de rebaños! Lo que es a mí, me chalan las ovejitas. Mira, mira.., aquella blanca tan chiquita que casi no puede andar. ¡Ay! ... Pero aquella grandota y antipática se empeña en pisarla y nada... *(A voces)*: ¡Pastor, asombrado! ¿No estás viendo que te pisotean la oveja recién nacida? *(Pausa.)* Pues claro que me importa... ¿No ha de importarme? ¡Brutísimo!... Y mucho... *(Se quita de la ventana.)* Pero señor, adónde habrá ido este hombre desnortado Pues si tarda siquiera dos minutos más, como yo sola, que me basto y me sobro... Con la comida tan buena que he preparado... Mi cocido, con sus patatas de la sierra, dos pimientos verdes, pan blanco, un poquito magro de tocino, y arrope con calabaza y cáscara de limón para encima, porque lo que es cuidarlo, lo que es cuidarlo, ¡lo estoy cuidando a mano!

(Durante todo este monologo da muestras de gran actividad, moviéndose de un lado, para otro, arreglando las sillas, despabilando el velón y quitándose motas del vestido.)

Niño: *(En la puerta)* ¿Estas disgustada todavía?
Zapatera: Primorcito de su vecino, ¿dónde vas?
Niño: *(en la puerta)* Tú no me regañarás, ¿verdad?, porque a mi madre que algunas veces me pega, la quiero veinte arrobas, pero a ti, te quiero treinta y dos y media...

Zapatera: ¿Por qué eres tan precioso? *(Sienta al Niño en sus rodillas.)*

Niño: Yo venía a decirte una cosa que nadie quiere decirte. Ve tú, ve tú, ve tú, y nadie quería y entonces, "que vaya el niño", dijeron... porque era un notición que nadie quiere dar.

Zapatera: Pero dímelo pronto, ¿qué ha pasado?

Niño: No te asustes, que de muertos no es.

Zapatera: ¡Anda!

Niño: Mira, zapaterita... *(Por la ventana entra una mariposa y el Niño bajándose de las rodillas de la Zapatera echa a correr.)* Una mariposa, una mariposa... ¿No tienes un sombrero...? Es amarilla, con pintas azules y rojas... y, qué sé yo...

Zapatera: Pero, hijo mío ... ¿quieres?

Niño: *(enérgico)* Cállate y habla en voz baja, ¿no ves que se espanta si no? ¡Ay! ¡Dame tu pañuelo!

Zapatera: *(intrigada ya en la caza)* Tómalo.

Niño: Chis... No pises fuerte.

Zapatera: Lograrás que se escape.

Niño: *(en voz baja y como encantando a la mariposa, canta)*

> Mariposa del aire,
> qué hermosa eres,
> mariposa del aire
> dorada y verde.
> Luz de candil,
> mariposa del aire,
> quédate ahí, ahí, ahí! ...

No te quieres parar,
pararte no quieres.
Mariposa del aire,
dorada y verde.
Luz de candil,
mariposa del aire,
quédate ahí, ahí, ahí!...
Quédate ahí!
Mariposa, ¿estás ahí?

Zapatera: *(en broma)* Síiii.

Niño: No, eso no vale. *(La mariposa vuela)*

Zapatera: ¡Ahora! ¡Ahora!

Niño: *(corriendo alegremente con el pañuelo)* ¿No te quieres parar? ¿No quieres dejar de volar?

Zapatera: *(corriendo también por otro lado)* ¡Que se escapa, que se escapa!

(El Niño sale corriendo
por la puerta persiguiendo a la mariposa)

Zapatera: *(enérgica)* ¿Dónde vas?

Niño: *(suspenso)* ¡Es verdad! *(Rápido.)* Pero yo no tengo la culpa.

Zapatera: ¡Vamos! ¿Quieres decirme lo que pasa? ¡Pronto...!

Niño: Ay! Pues, mira ... tu marido, el zapatero, se ha ido para no volver más.

Zapatera: *(aterrada)* ¿Cómo?

Niño: Sí, sí, eso ha dicho en casa antes de montarse en la diligencia, que lo he visto yo ... y nos encargó que te lo dijéramos y ya lo sabe todo el pueblo.

Zapatera: *(sentándose desplomada)* ¡No es posible, esto no es posible! ¡Yo no lo creo!

Niño: Sí que es verdad, no me regañes¡

Zapatera: *(levantándose hecha una furia y dando fuertes pisotadas en el suelo)* ¿Y me da este pago? ¿Y me da este pago?

(El Niño se refugia detrás de la mesa.)

Niño: ¡Que se te caen las horquillas!

Zapatera: ¿Qué va a ser de mí sola en esta vida? ¡Ay, ay, ay! *(El Niño sale corriendo. La ventana y puertas están llenas de vecinos.)* Sí, sí, venid a verme, cascantes, comadricas, por vuestras culpa ha sido.

Alcalde: Mira, ya te estás callando. Si tu marido te dejado ha sido porque no lo querías, porque no podía ser.

Zapatera: Pero, ¿lo van a saber ustedes mejor que yo? Si, lo quería, vaya si lo quería, que pretendientes buenos y muy riquísimos he tenido y no les he dado el sí jamás. ¡Ay, pobrecito mío, qué cosas te habrán contado!

Sacristana: *(entrando)* Mujer, repórtate.

Zapatera: No me resigno. No me resigno. ¡Ay, ay!

(Por la puerta empiezan a entrar vecinas vestidas con colores violentos y que llevan grandes vasos de refrescos. Giran, corren, entran y salen alrededor de la Zapatera que está sentada gritando, con la prontitud y ritmo de baile. Las grandes faldas se abren a las vueltas que dan. Todos adoptan una actitud cómica de pena.)

Vecina amarilla: Un refresco.
Vecina roja: Un refresquito.
Vecina verde: Para la sangre.
Vecina negra: De limón.
Vecina morada: De zarzaparrilla.
Vecina roja: La menta es mejor.
Vecina morada: Vecina.
Vecina verde: Vecinita.
Vecina negra: Zapatera.
Vecina roja: Zapaterita.

(Las vecinas arman gran algazara.
La Zapatera llora a gritos.)

Telón

Acto segundo

La misma decoración. A la izquierda, el banquillo arrumbado. A la derecha, el mostrador con botellas y un lebrillo con agua donde la Zapatera friega las copas. La Zapatera está detrás del mostrador. Viste un traje rojo encendido, con amplias faldas y los brazos al aire. En la escena, dos mesas en una de ellas está sentado Don Mirlo, que toma un refresco y en la otra el Mozo del sombrero en la cara. La Zapatera friega con gran ardor vasos y copas que va volcando en el mostrador. Aparece en la puerta el Mozo de la faja, y el sombrero plano del primer acto. Está triste. Lleva los brazos caídos y mira de manera tierna a la Zapatera. Al actor que exagere lo más mínimo en este tipo, debe el director de escena darle un bastonazo en la cabeza. Nadie debe exagerar. La farsa exige siempre naturalidad. El autor ya se ha encargado de dibujar el tipo y el sastre de vestirlo. Sencillez. El Mozo se detiene en la puerta. Don Mirlo y el otro Mozo vuelven la cabeza y lo miran. Ésta es casi una escena de cine. Las miradas y expresión del conjunto dan su expresión. La Zapatera deja de fregar y mira al Mozo fijamente. (Silencio)

Zapatera: Pase usted.
Mozo de la faja: Si usted lo quiere...
Zapatera: *(Asombrada)* ¿Yo? Me trae absolutamente sin cuidado, pero como lo veo en la puerta...

Mozo de la faja: Lo que usted quiera. *(Se apoya en el mostrador.) (Entre dientes)*: Éste es otro al que voy a tener que...

Zapatera: ¿Qué va a tomar?

Mozo de la faja: Seguiré sus indicaciones.

Zapatera: Pues la puerta.

Mozo de la faja: ¡Ay, Dios mío, cómo cambian los tiempos!

Zapatera: No crea usted que me voy a echar a llorar. Vamos. Va a usted a tomar copa, café, refresco, ¿diga...?

Mozo de la faja: Refresco.

Zapatera: No me mire tanto que se me va a derramar el jarabe.

Mozo de la faja: Es que me estoy muriendo ¡ay!

(Por la ventana pasan dos majas con inmensos abanicos. Miran, se santiguan escandalizadas, se tapan los ojos con los pericones y a pasos menuditos cruzan.)

Zapatera: El refresco.

Mozo de la faja: *(mirándola)* ¡Ay!

Mozo del sombrero: *(mirando al suelo)* ¡Ay!

Mirlo: *(mirando al techo)* ¡Ay!

(La Zapatera dirige la cabeza hacia los tres ayes.)

Zapatera: ¡Requeteay! ¿Pero esto es una taberna o un hospital? ¡Abusivos! Si no fuera porque tengo que ganarme la vida con estos vinillos y este trapicheo, porque estoy sola desde que se fue por culpa de todos vosotros mi pobrecito marido de mi alma, ¿cómo es posible que yo aguantara esto? ¿Qué me dicen ustedes? Los voy a tener que plantar en lo más ancho de la calle.

Mirlo: Muy bien, muy bien dicho.

Mozo del sombrero: Has puesto taberna y podemos estar aquí dentro todo el tiempo que queramos.

Zapatera: *(fiera)* ¿Cómo? ¿Cómo?

(El Mozo de la faja inicia el mutis y Don Mirlo se levanta sonriente y haciendo como que está en el secreto y que volverá.)

Mozo del sombrero: Lo que he dicho.

Zapatera: Pues si dices tú, más digo yo y puedes enterarte, y todos los del pueblo, que hace cuatro meses que se fue mi marido y no cederé a nadie jamás, porque una mujer casada debe estarse en su sitio como Dios manda. Y que no me asusto de nadie, ¿lo oyes?, que yo tengo la sangre de mi abuelo, que esté en gloria, que fue desbravador de caballos y lo que se dice un hombre. Decente fui y decente lo seré. Me comprometí con mi marido. Pues hasta la muerte.

(Don Mirlo sale por la puerta, rápidamente y haciendo señas que indican una relación entre él y la Zapatera.)

Mozo del sombrero: *(levantándose)* Tengo tanto coraje que agarraría un toro de los cuernos, le haría hincar la cerviz en las arenas y después me comería los sesos crudos con estos dientes míos, en la seguridad de no hartarme de morder.

(Sale rápidamente y Don Mirlo huye hacia la izquierda.)

Zapatera: *(con las manos en la cabeza)* Jesús, Jesús, Jesús y Jesús. *(Se sienta.)*

(Por la puerta entra el niño, se dirige a la Zapatera y le tapa los ojos.)

Niño: ¿Quién soy yo?

Zapatera: Mi niño, pastorcillo de Belén.

Niño: Ya estoy aquí. *(Se besan.)*

Zapatera: ¿Vienes por la meriendita?

Niño: Si tú me la quieres dar...

Zapatera: Hoy tengo una onza de chocolate.

Niño: ¿Sí? A mí me gusta mucho estar en tu casa.

Zapatera: *(dándole la onza)* ¿Por qué eres interesadillo?

Niño: ¿Interesadillo? ¿Ves este cardenal que tengo en la rodilla?

Zapatera: ¿A ver? *(Se sienta en una silla baja y toma el Niño en brazos.)*

Niño: Pues me lo ha hecho el Cunillo porque le estaba cantando... las coplas que te han sacado y yo le pegué en la cara, y entonces él me tiró una piedra que, ¡plaf!, mira.

Zapatera: ¿Te duele mucho?

Niño: Ahora no, pero he llorado.

Zapatera: No hagas caso ninguno de lo que dicen.

Niño: Es que eran cosas muy indecentes. Cosas indecentes que yo sé decir, ¿sabes?, pero que no quiero decir.

Zapatera: *(riéndose)* Porque si lo dices cojo un pimiento picante y te pongo la lengua como un ascua. *(Ríen.)*

Niño: Pero, ¿por qué te echaran a ti la culpa de que tu marido se haya marchado?

Zapatera: Ellos, ellos son los que la tienen y los que me hacen desgraciada.

Niño: *(triste)* No digas, Zapaterita.

Zapatera: Yo me miraba en sus ojos. Cuando le veía venir montado en su jaca blanca...

Niño: *(interrumpiéndole)* ¡Ja, ja, ja! Me estás engañando. El señor Zapatero no tenía jaca.

Zapatera: Niño, sé más respetuoso. Tenía jaca, claro que la tuvo, pero es... es que tú no habías nacido.

Niño: *(pasándole la mano por la cara)* ¡Ah! Eso sería!

Zapatera: Ya ves tú... cuando lo conocí estaba yo lavando en el arroyo del pueblo. Medio metro de agua y las chinas del fondo se veían reír, reír con el temblorcillo. El venía con un traje negro entallado, corbata roja de seda buenísima y cuatro anillos de oro que relumbraban como cuatro soles.

Niño: ¡Qué bonito!

Zapatera: Me miró y lo mire. Yo me recosté en la hierba Todavía me parece sentir en la cara aquel aire tan fresquito que venía por los árboles. Él paró su caballo y la cola del caballo era blanca y tan larga que llegaba al agua del arroyo. *(La Zapatera está casi llorando. Empieza a oírse un canto lejano.)* Me puse tan azorada que se me fueron dos pañuelos preciosos, así de pequeñitos, en la corriente.

Niño: ¡Qué risa!

Zapatera: Él, entonces me dijo... *(El canto se oye más cerca. Pausa.)* ¡Chisss...!

Niño: *(se levanta)* ¡Las coplas!

Zapatera: ¡Las coplas! *(Pausa. Los dos escuchan.)* ¿Tú sabes lo que dicen?

Niño: *(con la mano)* Medio, medio.

Zapatera: Pues cántalas, que quiero enterarme.

Niño: ¿Para qué?

Zapatera: Para que yo sepa de una vez lo que dicen.

Niño: *(cantando y siguiendo el compás)* Verás.

La señora Zapatera,
al marcharse su marido,
ha montado una taberna
donde acude el señorío.

Zapatera: ¡Me la pagarán!

Niño: *(El Niño lleva el compás con la mano en la mesa)*
Quién te compra, Zapatera,
el paño de tus vestidos
y esas chambras de batista
con encaje de bolillos.
Ya la corteja el Alcalde,
ya la corteja don Mirlo.
Zapatera, Zapatera,
Zapatera, ¡te has lucido!

(Las voces se van distinguiendo cerca y claras con su acompañamiento de panderos. La Zapatera coge un mantoncillo de manila y se lo echa sobre los hombros.)

Niño: ¿Dónde vas? *(Asustado.)*
Zapatera: ¡Van a dar lugar a que compre un revólver!

(El canto se aleja. La Zapatera corre a la puerta. Pero tropieza con el Alcalde que viene majestuoso, dando golpes con la vara en el suelo.)

Alcalde: ¿Quién, despacha?
Zapatera: ¡El demonio!
Alcalde: ¿Pero, qué ocurre?
Zapatera: Lo que usted debía saber hace muchos días, lo que usted como alcalde no debía permitir. La gente me canta coplas, los vecinos se ríen

en sus puertas y como no tengo marido que vele por mi, salgo yo a defenderrne, ya que en este pueblo las autoridades, son calabacines, ceros a la izquierda, estafermos.

Niño: Muy bien dicho.

Alcalde: *(enérgico)* Niño, niño, basta de voces... ¿Sabes tú lo que he hecho ahora? Pues meter en la cárcel a dos o tres de los que venían cantando.

Zapatera: ¡Quisiera yo ver eso!

Voz: *(fuera)* ¡Niñoooo!

Niño: Mi madre me llama! *(Corre a la ventana.)* ¡Quéee! Adiós. Si quieres te puedo traer el espadón grande de mi abuelo, el que se fue a la guerra. Yo no puedo con él, ¿sabes?, pero tú, sí.

Zapatera: *(sonriendo)* ¡Lo que quieras!

Voz: *(fuera)* ¡Niñoooo!

Niño: *(ya en la calle)* ¿Quéeee?

Alcalde: Por lo que veo, este niño sabio y retorcido es la única persona a quien tratas bien en el pueblo.

Zapatera: ¿No pueden ustedes hablar una sola palabra sin ofender...? ¿De qué se ríe su ilustrísimo?

Alcalde: ¡De verte tan hermosa y desperdiciada!

Zapatera: ¡Antes un perro! *(Le sirve un vaso de vino.)*

Alcalde: ¡Qué desengaño de mundo! Muchas mujeres he conocido como amapolas, como rosas de olor..., mujeres morenas con los ojos como tinta de fuego, mujeres que les huele el pelo a nardos y siempre tienen las manos con calentura, mujeres cuyo talle se puede abarcar con estos dos dedos, pero como tú, como tú no hay nadie. Anteayer estuve enfermo toda la mañana porque vi tendidas en el prado dos camisas tuyas, con lazos celestes, que era como verte a ti, zapatera de mi alma.

Zapatera: *(estallando furiosa)* Calle usted, viejísimo, calle usted; con hijas mozuelas y lleno de familia no se debe cortejar de esta manera tan indecente y tan descarada.

Alcalde: Soy viudo.

Zapatera: Y yo casada.

Alcalde: Pero tu marido te ha dejado y no volverá, estoy seguro.

Zapatera: Yo viviré como si lo tuviera.

Alcalde: Pues a mí me consta, porque me lo dijo, que no te quería ni tanto así.

Zapatera: Pues a mí me consta que sus cuatro señoras, mal rayo las parta, le aborrecían a muerte.

Alcalde: *(dando en el suelo con la vara)* ¡Ya estamos!

Zapatera: *(tirando un vaso)* ¡Ya estamos! *(Pausa.)*

Alcalde: *(entre dientes)* ¡Si yo te cogiera por mi cuenta, vaya si te domaba!

Zapatera: *(guasona)* ¿Qué está usted diciendo?

Alcalde: Nada, pensaba... que si tú fueras como debías ser, te hubieras enterado que tengo voluntad y valentía para hacer escritura, delante del notario, de una casa muy hermosa.

Zapatera: ¿Y qué?

Alcalde: Con un estrado que costó cinco mil reales, con centros de mesa, con cortinas de brocatel, con espejos de cuerpo entero...

Zapatera: ¿Y qué más?

Alcalde: *(tenoriesco)* Que la casa tiene una cama con coronación de pájaros y azucenas de cobre, un jardín con seis palmeras y una fuente saltadora, pero aguarda, para estar alegre, que una persona que sé yo se quiera aposentar en sus salas donde estaría... *(Dirigiéndose a la Zapatera.)* mira, ¡estarías como una reina!

Zapatera: *(guasona)* Yo no estoy acostumbrada a esos lujos. Siéntese usted en el estrado, métase usted en la cama, mírese usted en los espejos y póngase con la boca abierta debajo de las palmeras esperando que le caigan los dátiles, que yo de zapatera no me muevo.

Alcalde: Ni yo de alcalde. Pero que te vayas enterando que no por mucho despreciar amanece más temprano. *(Con retintín)*

Zapatera: Y que no me gusta usted ni me gusta nadie del pueblo. ¡Que está usted muy viejo!

Alcalde: *(indignado)* ¡Acabaré metiéndote en la cárcel.

Zapatera: ¡Atrévase usted!

(Fuera se oye un toque de trompeta floreado y comiquísimo.)

Alcalde: ¿Qué será eso?
Zapatera: *(alegre y ojiabierta)* ¡Títeres! *(Se golpea las rodillas)*

(Por la ventana cruzan dos mujeres.)

Vecina roja: ¡Títeres!
Vecina morada: ¡Títeres!
Niño: *(en la ventana)* ¿Traerán monos? ¡Vamos!
Zapatera: *(al Alcalde)* ¡Yo voy a cerrar la puerta!
Niño: ¡Vienen a tu casa!
Zapatera: ¿Sí? *(Se acerca a la puerta.)*
Niño: ¡Míralos!

(Por la puerta aparece el zapatero disfrazado. Trae una trompeta y un cartelón enrollado a la espalda, lo rodea la gente. La Zapatera queda en actitud expectante y el Niño salta por la ventana y se coge a sus faldones.)

Zapatero: Buenas tardes.
Zapatera: Buenas tardes tenga usted, señor titiritero.
Zapatero: ¿Aquí se puede descansar?
Zapatera: Y beber, si usted gusta.
Alcalde: Pase usted, buen hombre y tome lo que quiera, que yo pago. *(A los vecinos)*: Y vosotros, qué ¿hacéis ahí?
Vecina roja: Como estamos en lo ancho de la calle no creo que le estorbemos.

(El Zapatero mirándolo todo con disimulo deja el rollo sobre la mesa.)

Zapatero: Déjelos, señor Alcalde..., supongo que es usted, que con ellos me gano la vida.

Niño: Dónde he oído yo hablar a este hombre? *(En toda la escena el Niño mirará con gran extrañeza al Zapatero.)* ¡Haz ya los títeres! *(Los vecinos ríen.)*

Zapatero: En cuanto tome un vaso de vino.

Zapatera: *(alegre)* ¿Pero los va usted a hacer en mi casa?

Zapatero: Si tú me lo permites.

Vecina roja: Entonces, ¿podemos pasar?

Zapatera: *(seria)* Podéis pasar. *(Da un vaso al Zapatero.)*

Vecina roja: *(sentándose)* Disfrutaremos un poquito. *(El Alcalde se sienta.)*

Alcalde: ¿Viene de muy lejos?

Zapatero: De muy lejísimos.

Alcalde: ¿De Sevilla?

Zapatero: Échele usted leguas.

Alcalde: ¿De Francia?

Zapatero: Échele usted leguas.

Alcalde: ¿De Inglaterra?

Zapatero: De las Islas Filipinas.

(Las vecinas hacen rumores de admiración. La Zapatera está extasiada.)

Alcalde: ¿Habrá usted visto a los insurrectos?

Zapatero: Lo mismo que les estoy viendo a ustedes ahora.

Niño: ¿Y cómo son?

Zapatero: Intratables. Figúrense ustedes que casi todos ellos son zapateros. *(Los vecinos miran a la Zapatera.)*

Zapatera: *(quemada)* ¿Y no los hay de otros oficios?

Zapatero: Absolutamente. En las Islas Filipinas, zapateros.

Zapatera: Pues puede que en las Filipinas esos zapateros sean tontos, que aquí en estas tierras los hay listos y muy listos.

Vecina roja: *(adulona)* Muy bien hablado.

Zapatera: *(brusca)* Nadie le ha preguntado su parecer.

Vecina roja: ¡Hija mía!

Zapatero: *(enérgico, interrumpiendo)* ¡Qué rico vino! *(Más fuerte.)* ¡Qué requeterrico vino! *(Silencio.)* Vino de uvas negras como el alma de algunas mujeres que yo conozco.

Zapatera: ¡De las que la tengan!

Alcalde: ¡Chis! ¿Y en qué consiste el trabajo de usted?

Zapatero: *(Apura el vaso, chasca la lengua y mira a la Zapatera)* ¡Ah! Es un trabajo de poca apariencia y de mucha ciencia. Enseñó la vida por dentro. Aleluyas con los hechos del zapatero mansurrón y la Fierabrás de Alejandría, vida de don Diego

Corrientes, aventuras del guapo Francisco Esteban y, sobre todo, arte de colocar el bocado a las mujeres parlanchinas y respondonas.

Zapatera: Todas esas cosas las sabía mi pobrecito marido

Zapatero: ¡Dios lo haya perdonado!

Zapatera: Oiga usted... *(Las vecinas ríen.)*

Niño: ¡Cállate!

Alcalde: *(autoritario)* ¡A callar! Enseñanzas son ésas que convienen todas las criaturas. Cuando usted guste.

(El Zapatero desenrolla el cartelón en el que hay pintada una historia de ciego, dividida en pequeños cuadros pintados con almazarrón y colores violentos. Los vecinos inician un movimiento de aproximación y la Zapatera se sienta al Niño sobre sus rodillas.)

Zapatero: Atención.

Niño: ¡Ay, qué precioso! *(Abraza a la Zapatera, murmullos.)*

Zapatera: Que te fijes bien por si acaso no me entero del todo.

Niño: Más difícil que la historia sagrada no será.

Zapatero: Respetable público: Oigan ustedes el romance, verdadero y substancioso de la mujer rubicunda y el hombrecito de la paciencia, para que sirva de escarmiento y ejemplaridad a todas las gentes de este mundo. *(En tono lúgubre).* Aguzad vuestros oídos y entendimiento.

(Los vecinos alargan la cabeza y algunas mujeres se agarran de las manos.)

Niño: ¿No te parece el titiritero, hablando, a tu marido?
Zapatera: Él tenía la voz más dulce.
Zapatero: ¿Estamos?
Zapatera: Me sube así un repeluzno.
Niño: ¡Y a mí también!
Zapatero: *(señalando con la varilla)*

En un cortijo de Córdoba
entre jarales y adelfas,
vivía un talabartero
con una talabartera.

(Expectación.)

Ella era mujer arisca,
él, hombre de gran paciencia,
ella giraba en los veinte
y el pasaba de cincuenta.
Santo Dios, cómo reñían!
Miren ustedes la fiera,
burlando al débil marido
con los ojos y la lengua.

(Está pintada en el cartel una mujer que mira de manera infantil y cansina.)

Zapatera: ¡Qué mala mujer! *(Murmullos.)*
Zapatero: Cabellos de emperadora
tiene la talabartera,
y una carne como el agua
cristalina de Lucena.
Cuando movía las faldas
en tiempo de primavera
olía toda su ropa
a limón y a yerbabuena.
Ay, qué limón, limón
de la limonera!
Qué apetitosa
talabartera!

(Los vecinos ríen.)

Ved cómo la cortejaban
mocitos de gran presencia
en caballos relucientes
llenos de borlas de seda.
Gente cabal y garbosa
que pasaba por la puerta
haciendo brillar, alegre,
las onzas de sus cadenas.
La conversación a todos
daba la talabartera,

y ellos caracoleaban
sus jacas sobre las piedras.
Miradla hablando con uno
bien peinada y bien compuesta,
mientras el pobre marido
clava en el cuero la lezna.

(Muy dramático y cruzando las manos.)

Esposo viejo y decente
casado con joven tierna,
qué tunante caballista
roba tu amor en la puerta.

(La Zapatera, que ha estado dando suspiros, rompe a llorar.)

Zapatero: *(volviéndose)* ¿Qué os pasa?

Alcalde: ¡Pero, niña! *(Da con la vara.)*

Vecina roja: ¡Siempre llora quien tiene por qué callar!
Vecina morada: ¡Siga usted!

(Los vecinos murmuran y sisean)

Zapatera: Es que me da mucha lástima y no puedo contenerme, ¿lo ve usted?, no puedo contenerme.

(Llora queriéndose contener,
hipando de manera comiquísima)

Alcalde: ¡Chitón!
Niño: ¿Lo ves?
Zapatero: ¡Hagan el favor de no interrumpirme! ¡Cómo se conoce que no tienen que decirlo de memoria!
Niño: *(suspirando)* ¡Es verdad!
Zapatero: *(malhumorado)*

Un lunes por la mañana
a eso de las once y media,
cuando el sol deja sin sombra
los juncos y madreselvas,
cuando alegremente
bailan brisa y tomillo en la sierra
y van cayendo las verdes
hojas de las madroñeras,
regaba sus alhelíes
la arisca talabartera.
Llegó su amigo trotando
una jaca cordobesa
y le dijo entre suspiros:
Niña, si tú lo quisieras,
cenaríamos mañana
los dos solos, en tu mesa.
¿Y qué harás de mi marido?
Tu marido no se entera.
¿Qué piensas hacer? Matarlo.

Es ágil. Quizá no puedas.
¿Tienes revólver? Mejor!
¡Tengo navaja barbera!
Corta mucho? Más que el frío.

(La Zapatera se tapa los ojos y aprieta al Niño. Todos los vecinos tienen una expectación máxima que se notará en sus expresiones.)

Y no tiene ni una mella.
¿No has mentido? Le daré
diez puñaladas certeras
en esta disposición,
que me parece estupenda:
cuatro en la región lumbar,
una en la tetilla izquierda,
otra en semejante sitio
y dos en cada cadera.
¿Lo matarás en seguida?
Esta noche cuando vuelva
con el cuero y con las crines
por la curva de la acequia.

(En este último verso y con toda rapidez se oye fuera del escenario un grito angustiado y fortísimo; los vecinos se levantan. Otro grito más cerca. Al Zapatero se le cae de las manos el telón y la varilla. Tiemblan todos cómicamente.)

Vecina negra: *(en la ventana)* ¡Ya han sacado las navajas!
Zapatera: ¡Ay, Dios mío!
Vecina roja: ¡Virgen Santísima!
Zapatero: ¡Qué escándalo!

Vecina negra: ¡Se están matando! ¡Se están cosiendo a puñaladas por culpa de esa mujer! *(Señala a la Zapatera.)*
Alcalde: *(nervioso)* ¡Vamos a ver!
Niño: ¡Que me da mucho miedo!
Vecina verde: ¡Acudir, acudir! *(Van saliendo.)*
Voz: *(fuera)* ¡Por esa mala mujer!
Zapatero: ¡Yo no puedo tolerar esto; no lo puedo tolerar!

(Con las manos en la cabeza corre la escena. Van saliendo rapidísimamente todos entre ayes y miradas de odio a la Zapatera. Ésta cierra rápidamente la ventana y la puerta.)

Zapatera: ¿Ha visto usted qué infamia? Yo le juro por la preciosísima sangre de nuestro padre Jesús, que soy inocente. ¡Ay! ¿Qué habrá pasado...? Mi mire usted cómo tiemblo. *(Le enseña las manos)*. Parece que las manos se me quieren escapar ellas solas.
Zapatero: Calma, muchacha. ¿Es que su marido está la calle?

Zapatera: *(rompiendo a llorar)* ¿Mi marido? ¡Ay, señor mío!

Zapatero: ¿Qué le pasa?

Zapatera: Mi marido me dejó por culpa de las gentes y ahora me encuentro sola sin calor de nadie.

Zapatero: ¡Pobrecilla!

Zapatera: ¡Con lo que yo lo quería! ¡Lo adoraba!

Zapatero: *(con un arranque)* ¡Eso no es verdad!

Zapatera: *(dejando rápidamente de llorar)* ¿Qué está usted diciendo?

Zapatero: Digo que es una cosa tan... incomprensible que... parece que no es verdad. *(Turbado.)*

Zapatera: Tiene usted mucha razón, pero yo desde entonces no como, ni duermo, ni vivo; porque él era mi alegría, mi defensa.

Zapatero: Y queriéndolo tanto como lo quería, ¿la abandonó? Por lo que veo su marido de usted era hombre de pocas luces.

Zapatera: Haga el favor de guardar la lengua en el bolsillo. Nadie le ha dado permiso para que dé su opinión.

Zapatero: Usted perdone, no he querido...

Zapatera: Digo... Cuando era más listo...

Zapatero: *(con guasa)* ¿Síiii?

Zapatera: *(enérgica)* Sí. ¿Ve usted todos esos romances y chupaletrinas que canta y cuenta por los pueblos? ¡Pues todo eso es un ochavo comparado con lo que sabía... Él sabía... el triple!

Zapatero: *(serio)* No puede ser.

Zapatera: *(enérgica)* Y el cuádruple... Me los decía todos a mí cuando nos acostábamos. Historietas antiguas que usted habrá oído mentar siquiera... *(Gachona.)* y a mí me daba un susto... pero él me decía: "preciosa de mi alma, si esto ocurre de mentirijillas!".

Zapatero: *(indignado)* ¡Mentira!

Zapatera: *(extrañadísima)* ¿Eh? ¿Se le ha vuelto el juicio?

Zapatero: ¡Mentira!

Zapatera: *(indignada)* Pero, ¿qué es lo que está usted diciendo, titiritero del demonio?

Zapatero: *(fuerte y de pie)* Que tenía mucha razón su marido de usted. Esas historietas son pura mentira, fantasía nada más. *(Agrio.)*

Zapatera: *(agria)* Naturalmente, señor mío. Parece que me toma por tonta de capirote... pero no me negará usted que dichas historietas impresionan.

Zapatero: ¡Ah, eso ya es harina de otro costal! Impresiona a las almas impresionables.

Zapatera: Todo el mundo tiene sentimientos.

Zapatero: Según se mire. He conocido mucha gente sin sentimiento. Y en mi pueblo vivía una mujer... en cierta época, que tenía el suficiente mal corazón para hablar con sus amigos por la ventana mientras el marido hacía botas y zapatos de la mañana a la noche.

Zapatera: *(levantándose y cogiendo una silla)* ¿Eso lo dice por mí?

Zapatero: ¿Cómo?

Zapatera: Que si va con segunda, ¡dígalo! ¡Sea valiente!

Zapatero: *(humilde)* Señorita, ¿qué está usted diciendo? ¿Qué sé yo quién es usted? Yo no la he ofendido en nada; ¿por qué me falta de esa manera? ¡Pero es mi sino! *(Casi lloroso.)*

Zapatera: *(enérgica, pero conmovida)* Mire usted, buen hombre. Yo he hablado así porque estoy sobre ascuas; todo el mundo me asedia, todo el mundo me critica; cómo quiere que no esté acechando la ocasión más pequeña para defenderme? Si estoy sola, si soy joven y vivo ya sólo de mis recuerdos... *(Llora.)*

Zapatero: *(lloroso)* Ya comprendo, preciosa joven. Yo comprendo mucho más de lo que pueda imaginarse, porque... ha de saber usted con toda clase de reservas que su situación es... sí, no cabe duda, idéntica a la mía.

Zapatera: *(intrigada)* ¿Es posible?

Zapatero: *(se deja caer sobre la mesa)* ¡A mí... me abandonó mi esposa!

Zapatera: ¡No pagaba con la muerte!

Zapatero: Ella soñaba con un mundo que no era el mío, era fantasiosa y dominanta, gustaba demasiado de la conversación y las golosinas que yo no podía costearle, y un día tormentoso de viento huracanado me abandonó para siempre.

Zapatera: ¿Y qué hace usted ahora, corriendo mundo?

Zapatero: Voy en su busca para perdonarla y vivir con ella lo poco que me queda de vida. A mi edad ya se está malamente por esas posadas de Dios.

Zapatera: *(rápida)* Tome un poquito de café caliente que después de toda esta tracamandana le servirá de salud.

(Va al mostrador a echar café
y vuelve la espalda al Zapatero.)

Zapatero: *(persignándose exageradamente y abriendo los ojos)* Dios te lo premie, clavellinita encarnada.

Zapatera: *(le ofrece la taza. Se queda con el plato en las manos y él bebe a sorbos)* ¿Está bueno?

Zapatero: *(meloso)* ¡Como hecho por sus manos!

Zapatera: *(Sonriente)* ¡Muchas gracias!

Zapatero: *(en el último trago)* ¡Ay, qué envidia me da su marido!

Zapatera: ¿Por qué?

Zapatero: *(galante)* ¡Porque se pudo casar con la mujer más preciosa de la tierra!

Zapatera: *(derretida)* ¡Qué cosas tiene!

Zapatero: Y ahora casi me alegro de tenerme que marchar, porque usted sola, yo solo, usted tan guapa y yo con mi lengua en su sitio, me parece que se escaparía cierta insinuación...

Zapatera: *(reaccionando)* ¡Por Dios, quite de ahí! ¿Qué se figura? Yo guardo mi corazón entero para el que está por esos mundos, para quien debo, ¡para mi marido!

Zapatero: *(contentísimo y tirando el sombrero al suelo)* ¡Eso está pero que muy bien! ¡Así son las mujeres verdaderas, así!

Zapatera: *(un poco guasona y sorprendida)* Me parece a mí que usted está un poco... *(Se lleva el dedo a la sien.)*

Zapatero: Lo que usted quiera. ¡Pero sepa y entienda que yo no estoy enamorado de nadie más que de mi mujer, mi esposa de legítimo matrimonio!

Zapatera: Y yo de mi marido y de nadie más que de mi marido. Cuántas veces lo he dicho para que lo oyeran hasta los sordos. *(Con las manos cruzadas.)* ¡Ay, qué zapaterillo de mí alma!

Zapatero: *(aparte)* ¡Ay, qué zapaterita de mi corazón!

(Golpes en la puerta.)

Zapatera: ¡Jesús! Está una en un continuo sobresalto. ¿Quién es?

Niño: ¡Abre!

Zapatera: ¿Pero es posible? ¿Cómo has venido?

Niño: ¡Ay, vengo corriendo para decírtelo!

Zapatera: ¿Qué ha pasado?

Niño: Se han hecho heridas con las navajas dos o tres mozos y te echan a ti la culpa. Heridas que echan mucha sangre. Todas las mujeres han ido a ver al juez para que te vayas del pueblo, ay! Y los hombres querían que el sacristán tocara las campanas para cantar tus coplas... *(El Niño está jadeante y sudoroso.)*

Zapatera: *(al Zapatero)* ¿Lo está usted viendo?

Niño: Toda la plaza está llena de corrillos... Parece la feria... y todos contra ti!

Zapatero: ¡Canallas! Intenciones me dan de salir a defenderla.

Zapatera: ¿Para qué? ¡Lo meterán en la cárcel. Yo soy la que va a tener que hacer algo gordo.

Niño: Desde la ventana de tu cuarto puedes ver el jaleo de la plaza.

Zapatera: *(rápida)* Vamos, quiero cerciorarme de la maldad de las gentes. *(Mutis rápido.)*

Zapatero: Sí, sí, canallas... pero pronto ajustaré cuentas con todos y me las pagarán... ¡Ah, casilla mía, qué calor más agradable sale por tus puertas y ventanas!, ay, qué terribles paradores, qué malas comidas, qué sábanas de lienzo moreno por esos caminos del mundo! ¡Y qué disparate no sospechar que mi mujer era de oro puro, del mejor oro de la tierra! ¡Casi me dan ganas de llorar!

Vecina roja: *(entrando rápida)* Buen hombre.

Vecina amarilla: *(rápida)* Buen hombre.

Vecina roja: Salga en seguida de esta casa. Usted es persona decente y no debe estar aquí.

Vecina amarilla: Ésta es la casa de una leona, de una hiena.

Vecina roja: De una mal nacida, desengaño de los hombres.

Vecina amarilla: Pero o se va del pueblo o la echamos. Nos trae locas.

Vecina roja: Muerta la quisiera ver.

Vecina amarilla: Amortajada, con su ramo en el pecho.

Zapatero: *(angustiado)* ¡Basta!

Vecina roja: Ha corrido la sangre.

Vecina amarilla: No quedan pañuelos blancos.

Vecina roja: Dos hombres como dos soles.

Vecina amarilla: Con las navajas clavadas.

Zapatero: *(fuerte)* ¡Basta ya!

Vecina roja: Por culpa de ella.

Vecina amarilla: Ella, ella y ella.

Vecina roja: Miramos por usted.

Vecina amarilla: ¡Le avisamos con tiempo!

Zapatero: Grandísimas embusteras, mentirosas mal nacidas. Os voy a arrastrar del pelo.

Vecina roja: *(a la otra)* ¡También lo ha conquistado!

Vecina amarilla: ¡A fuerza de besos habrá sido!

Zapatero: ¡Así os lleve el demonio! ¡Basiliscos, perjuras!

Vecina negra: *(en la ventana)* ¡Comadre, corra usted!

(Sale corriendo. Las dos vecinas hacen lo mismo.)

Vecina roja: Otro en el garlito.

Vecina amarilla: ¡Otro!

Zapatero: ¡Sayonas, judías! ¡Os pondré navajillas barberas en los zapatos! Me vais a soñar.

Niño: *(entra rápido)* Ahora entraba un grupo de hombres en casa del Alcalde. Voy a ver lo que dicen. *(Sale corriendo)*

Zapatera: *(valiente)* Pues aquí estoy, si se atreven a venir. Y con serenidad de familia de caballistas que ha cruzado muchas veces la sierra, sin jamugas, a pelo sobre los caballos.

Zapatero: ¿Y no flaqueará algún día su fortaleza?

Zapatera: Nunca se rinde la que, como yo, está sostenida por el amor y la honradez. Soy capaz de seguir así hasta que se vuelva cana toda mi mata de pelo.

Zapatero: *(conmovido, avanza hacia ella)* ¡Ay...!

Zapatera: ¿Qué le pasa?

Zapatero: Me emociono

Zapatera: Mire usted, tengo todo el pueblo encima, quieren venir a matarme, y sin embargo no tengo ningún miedo. La navaja se contesta con la navaja y palo con el palo, pero cuando de noche cierro esa puerta y me voy sola a mi cama... me da una pena... qué pena! Y paso unas sofocaciones!... Que cruje la cómoda: un susto! Que suenan con el aguacero los cristales del ventanillo, otro susto! Que yo sola meneo sin querer las perinolas de la cama, susto doble! Y todo esto no es más que el miedo a la soledad donde están los fantasmas, que yo no he visto porque no los he querido ver, pero que vieron mi madre y mi abuela y todas las mujeres de mi familia que han tenido ojos en la cara.

Zapatero: ¿Y por qué no cambia de vida?

Zapatera: ¿Pero usted está en su juicio? ¿Qué voy a hacer? ¿Dónde voy así? Aquí estoy y Dios dirá.

(Fuera y muy lejanos se oyen murmullos y aplausos.)

Zapatero: Yo lo siento mucho, pero tengo que emprender mi camino antes que la noche se me eche encima. ¿Cuánto debo? *(Coge el cartelón.)*

Zapatera: Nada.

Zapatero: No transijo.

Zapatera: Lo comido por lo servido.

Zapatero: Muchas gracias. *(Triste se carga el cartelón.)* Entonces, adiós... para toda la vida, porque a mi edad... *(Está conmovido.)*

Zapatera: *(reaccionando)* Yo no quisiera despedirme así. Yo soy mucho más alegre. *(En voz clara.)* Buen hombre, Dios quiera que encuentre usted a su mujer, para que vuelva a vivir con el cuidado y la decencia a que estaba acostumbrado. *(Está conmovida.)*

Zapatero: Igualmente le digo de su esposo. Pero usted ya sabe que el mundo es reducido. ¿Qué quiere que le diga si por casualidad me lo encuentro en mis caminatas?

Zapatera: Dígale usted que lo adoro.

Zapatero: *(acercándose)* ¿Y qué más?

Zapatera: Que a pesar de sus cincuenta y tantos años, benditísimos cincuenta años, me resulta más juncal y torerillo que todos los hombres del mundo.

Zapatero: Niña, ¡qué primor! ¡Le quiere usted tanto como yo a mi mujer!

Zapatera: ¡Muchísimo más!

Zapatero: No es posible. ¡Yo soy como un perrillo y mi mujer manda en el castillo, pero que mande! Tiene más sentimiento que yo. *(Está cerca de ella y como adorándola.)*

Zapatera: Y no se olvide de decirle que lo espero, que el invierno tiene las noches largas.

Zapatero: Entonces, ¿lo recibiría usted bien?

Zapatera: Como si fuera el rey y la reina juntos.

Zapatero: *(temblando)* ¿Y si por casualidad llegara ahora mismo?

Zapatera: ¡Me volvería loca de alegría!

Zapatero: ¿Le perdonaría su locura?

Zapatera: ¡Cuánto tiempo hace que se la perdoné!

Zapatero: ¿Quiere usted que llegue ahora mismo?

Zapatera: ¡Ay, si viniera!

Zapatero: *(gritando)* ¡Pues aquí está!

Zapatera: ¿Qué está usted diciendo?

Zapatero: *(quitándose, las gafas y el disfraz)* ¡Que ya no puedo más! Zapatera de mi corazón.

(La Zapatera está como loca, con los brazos separados del cuerpo. El Zapatero abraza a la Zapatera y ésta lo mira fijamente en medio de su crisis. Fuera se oye claramente un run-run de coplas.)

Voz: *(dentro)* La señora Zapatera, al marcharse su marido, ha montado una taberna, donde acude el señorío.

Zapatera: *(reaccionando)* ¡Pillo, granuja, tunante, canalla! ¿Lo oyes? ¡Por tu culpa! *(Tira las sillas.)*

Zapatero: *(emocionado dirigiéndose al banquillo.)* ¡Mujer de mi corazón!

Zapatera: ¡Corremundos! ¡Ay, cómo me alegro de que hayas venido! ¡Qué vida te voy a dar! Ni la inquisición! ¡Ni los templarios de Roma!

Zapatero: *(en el barquillo)* ¡Casa de mi felicidad!

(Las coplas se oyen cerquísima,
los vecinos aparecen en la ventana.)

Voces: *(dentro)* Quien te compra, Zapatera,
el paño de tus vestidos
y esas chambras de batista
con encaje de bolillos.

Ya la corteja el Alcalde,
ya la corteja don Mirlo.
Zapatera, Zapatera,
Zapatera, ¡te has lucido!

Zapatera: ¡Qué desgraciada soy! ¡Con este hombre que Dios me ha dado! *(Yendo a la puerta.)* ¡Callarse, largos de lengua, judíos colorados! Y venid, venid ahora si queréis. Ya somos dos a defender mi casa, ¡dos! ¡dos! yo y mi marido. *(Dirigiéndose al marido.)* ¡Con este pillo, con este granuja!

(El ruido de las coplas llena la escena. Una campana rompe a tocar lejana y furiosamente.)

Telón

Índice

•FONTANA•

1. **LA DIVINA COMEDIA,** Dante
2. **EL ARTE DE LA GUERRA,** Sun Tzu
3. **LA ILÍADA,** Homero
4. **LA ODISEA,** Homero
5. **LA ENEIDA,** Virgilio
6. **EL RETRATO DE DORIAN GRAY,** Oscar Wilde
7. **LA METAMORFOSIS,** Franz Kafka
8. **FRANKENSTEIN,** Mary Shelley
9. **NECRONOMICÓN, LOS MEJORES RELATOS,** H. P. Lovecraft
10. **ALICIA EN EL PAÍS DE LAS MARAVILLAS,** L. Carroll
11. **A TRAVÉS DEL ESPEJO,** Lewis Carroll
12. **LA VUELTA AL MUNDO EN OCHENTA DÍAS,** J. Verne
13. **DRÁCULA,** Bram Stoker
14. **CUENTOS DE LA SELVA,** Horacio Quiroga
15. **EL FANTASMA DE LA ÓPERA,** Gaston Leroux
16. **LA BELLA Y LA BESTIA,** Velleneuve y Beaumont
17. **DE LA TIERRA A LA LUNA,** Julio Verne
18. **EL PROCESO,** Frank Kafka
19. **CUENTOS DE AMOR DE LOCURA Y DE MUERTE,** H. Quiroga
20. **ROMEO Y JULIETA,** William Shakespeare
21. **ASÍ HABLABA ZARATUSTRA,** Friedrich Nietzsche
22. **MANIFIESTO COMUNISTA,** K. Marx y F. Engels
23. **EL PRÍNCIPE,** Nicolás Maquiavelo
24. **EL KYBALIÓN,** Tres Iniciados
25. **MÁS ALLÁ DEL BIEN Y DEL MAL,** Friedrich Nietzsche
26. **EL ANTICRISTO,** Friedrich Nietzsche
27. **APOLOGÍA DE SÓCRATES,** Platón
28. **DIÁLOGOS,** Platón
29. **METAFÍSICA,** Aristóteles
30. **RETÓRICA,** Aristóteles
31. **ÉTICA A NICÓMACO,** Aristóteles
32. **ELOGIO DE LA LOCURA,** Erasmo de Rotterdam
33. **AURORA,** Friedrich Nietzsche
34. **AZUL...,** Rubén Darío
35. **SELECCIÓN POÉTICA,** Federico García Lorca
36. **SENTIDO Y SENSIBILIDAD,** Jane Austen
37. **EL FANTASMA DE CANTERVILLE Y OTROS RELATOS,** O. Wilde
38. **EL PRÍNCIPE FELIZ Y OTROS CUENTOS,** Oscar Wilde
39. **CORAZÓN: DIARIO DE UN NIÑO,** Edmondo de Amicis
40. **ALREDEDOR DE LA LUNA,** Julio Verne

41. **LA MURALLA CHINA,** Franz Kafka
42. **AMÉRICA,** Franz Kafka
43. **EL PERRO DE LOS BASKERVILLE,** Arthur Conan Doyle
44. **EL DOCTOR JEKYLL Y MISTER HYDE,** Robert Louis Stevenson
45. **YERMA · DOÑA ROSITA LA SOLTERA,** Federico García Lorca
46. **SELECCIÓN DE CUENTOS,** Hermanos Grimm
47. **SELECCIÓN DE CUENTOS,** Christian Andersen
48. **EL MARAVILLOSO MAGO DE OZ,** Lyman Frank Baum
49. **EL CREPÚSCULO DE LOS ÍDOLOS,** Friedrich Nietzsche
50. **LA REPÚBLICA,** Platón
51. **EL CUERVO Y OTROS POEMAS,** Edgar Allan Poe
52. **LA MÁSCARA DE LA MUERTE ROJA Y OTROS RELATOS,** E. A. Poe
53. **EL CONTRATO SOCIAL,** Rousseau
54. **TRES ENSAYOS SOBRE LA TEORÍA SEXUAL,** Sigmund Freud
55. **PRINCIPIOS ELEMENTALES DE LA FILOSOFÍA,** Georges Politzer
56. **POPOL VUH & CHILAM BALAM**
57. **CANCIÓN DE NAVIDAD,** Charles Dickens
58. **EL INVITADO DE DRÁCULA Y OTRAS HISTORIAS DE TERROR,** Bram Stoker
59. **SALOMÉ & UNA MUJER SIN IMPORTANCIA,** Oscar Wilde
60. **INVESTIGACIÓN SOBRE LA NATURALEZA Y CAUSAS DE LA RIQUEZA DE LAS NACIONES,** Adam Smith
61. **EL ESCARABAJO DE ORO Y OTROS RELATOS,** Edgar Allan Poe
62. **HOJAS DE HIERBA,** Walt Whitman
63. **TAO TE KING,** Lao Tse
64. **MARTÍN FIERRO,** José Hernández
65. **MARÍA,** Jorge Isaacs
66. **EL ARTE DE AMAR · EL REMEDIO DEL AMOR,** Ovidio
67. **EL PROFETA · EL JARDÍN DEL PROFETA,** Khalil Gibrán
68. **DESOBEDIENCIA CIVIL Y OTROS TEXTOS,** Henry David Thoreau
69. **EL VALLE DEL TERROR,** Arthur Conan Doyle
70. **LA TEOGONÍA,** Hesíodo
71. **LA CASA DE BERNARDA ALBA · LA ZAPATERA PRODIGIOSA,** Federico García Lorca
72. **LAS FLORES DEL MAL,** Charles Baudelaire
73. **EL TERROR EN LA LITERATURA,** H. P. Lovecraft
74. **EL MUNDO COMO YO LO VEO,** Albert Einstein
75. **LOS MITOS DE CTHULHU,** H. P. Lovecraft
76. **UTOPÍA,** Tomás Moro
77. **EL GATO NEGRO Y OTROS RELATOS,** Edgar Allan Poe
78. **EN LAS MONTAÑAS DE LA LOCURA,** H. P. Lovecraft
79. **CUMBRES BORRASCOSAS,** Emily Brontë